Lateinisches Unterrichtswerk

Herausgegeben von Dr. Max Krüger

Lateinische Kurzgrammatik

Von Curt Haussig, Paul Troll und Wilfried Stosch

Verlag Moritz Diesterweg

Frankfurt am Main

Genehmigt für den Gebrauch in Schulen. Genehmigungsdaten teilt der Verlag auf Anfrage mit.

Umschlagbild: Der Circus Maximus in Rom. Rückseite eines Sesterzen des Kaisers Trajan, zwischen 104 und 111 n. Chr. – Foto: Leonard von Matt

Man sieht im Vordergrund die Arkade; rechts über dem Eingang eine Quadriga; dahinter auf beiden Seiten Torbögen, gleichfalls mit Viergespannen gekrönt. Die hintere Seite bildet eine Säulenreihe mit einem Tempel, dessen Giebel die Statue des Sonnengottes ziert. In der Mitte des Platzes, auf dem gerade ein Reiter galoppiert, erhebt sich der große Obelisk.

ISBN 3-425-06835-0

16. Auflage

Satz: G. Appl, Wemding
Offsetdruck: aprinta, Wemding
Bindearbeiten: Großbuchbinderei Monheim

Vorwort

Eine erfolgreiche Lektüre römischer Schriftsteller ist nicht möglich ohne eine gediegene Kenntnis der lateinischen Grammatik. Je geringer aber die Zeit ist, die für den lateinischen Unterricht zur Verfügung steht, um so rascher muß der grammatische Vorkurs erledigt werden. Die Aufgabe der Unterrichtsmethode ist also eine doppelte, sie muß einmal alles nur irgendwie Entbehrliche ausmerzen und andererseits den unentbehrlichen Wissensstoff in einer möglichst klaren und übersichtlichen Form darbieten.

Diesen beiden Zielen strebt die vorliegende „Kurzgrammatik" zu. Sie enthält also keine lückenlose systematische Darstellung des gesamten lateinischen Sprachstoffes, sie ist auch kein Nachschlagewerk für alle in den Schulschriftstellern vorkommenden grammatischen Besonderheiten. – Wortbildungslehre und Synonymik dienen nur zur Festigung des Wortschatzes und gehören also in eine „Wortkunde". Stilistik ist heute nur noch ein, wenn auch sehr wichtiger, Teil der Übersetzungsmethodik, besonders dann, wenn man die „wortwörtliche" Methode vorzieht.

Andererseits will diese Grammatik mehr sein als nur ein Skelett, dem alles sprachliche Leben geraubt ist. Nicht so wenig wie möglich, sondern so viel, wie unbedingt notwendig ist, bietet unsere Sprachlehre, und das in einer möglichst einprägsamen Form.

Zielbewußte Zusammenfassung des Zusammengehörigen, straffe Gliederung und klare Übersichtlichkeit wird bei der Wiedergabe des eigentlichen Lernstoffes angestrebt. Die Beispielsätze sind in ihrer Zahl beschränkt und auf die einfachste Form gebracht. Alle Ausnahmen, soweit sie überhaupt aufgenommen wurden, sind aus dem eigentlichen Lerntext entfernt; sie werden als Zusätze zu den betreffenden Abschnitten gebracht. Unbedingt notwendige sprachwissenschaftliche Erläuterungen findet man im allgemeinen in den Anmerkungen.

Im einzelnen sei noch folgendes bemerkt: Auf die Geschlechtsregeln der Substantiva könnte man vielleicht verzichten und sich auf das vokabelmäßige Mitlernen des Geschlechts beschränken. Vielen Lehrern mögen aber Merkregeln wünschenswert erscheinen. Da nun die Meinungen darüber auseinandergehen, ob man die alten, auf die Wortausgänge bezogenen Reimregeln oder die zwar wissenschaftliche, aber für einen Schüler nicht so einprägsame Unterscheidung nach Dauer- und Verschlußlautstämmen vorziehen soll, wurde beides gebracht, aber in kürzester Form. Bei den sog. unregelmäßigen Verben beschränkten wir uns auf eine systematische Darstellung der Simplicia und gingen dafür allgemein auf die Bildung und Bedeutung der Komposita genauer ein. Gelernt werden diese unzähligen Komposita als Vokabeln zu den Übungsstücken, wiederholt werden sie nach der „Wortkunde".

Die „Konjunktionalen Nebensätze" wurden zusammengefaßt nach ihrer Funktion im Satzgefüge als Temporal-, Kausal-, Konzessivsätze usw. In einer angefügten tabellarischen Übersicht sind aber die Nebensätze nach den einleitenden Konjunktionen zusammengestellt: dem Schüler mag sie eine gute Hilfe bei der Lektüre sein, dem Lehrer bietet sie eine Grundlage für Wiederholungen der Satzlehre.

Mit einer nach solchen Grundsätzen aufgebauten „Kurzgrammatik“ glauben die Verfasser, den praktischen Bedürfnissen der Schüler gerecht zu werden und ihnen zugleich ein ihrer Altersstufe entsprechendes wissenschaftliches Verständnis der grammatischen Erscheinungen der lateinischen Sprache zu erschließen.

Berlin 1969 *Die Verfasser*

Inhaltsverzeichnis

Allgemeines

Rechtschreibung §1

Alle lateinischen Wörter werden klein geschrieben, groß nur Wörter am Satz- oder Versanfang sowie Eigennamen (Graecia Griechenland) und die davon abgeleiteten Adjektiva und Adverbia (Graecus bzw. Graecē griechisch), ebenso Adjektiva als Beinamen (Alexander Magnus Alexander der Große).

Dem lateinischen Alphabet fehlen das j, k und w. Sie werden ersetzt durch i, c und v. (iūstitia die Gerechtigkeit, vocābulum das Wort). y und z kommen nur in griechischen Lehnwörtern vor (zephyrus der Westwind). – ä wird ae, ö wird oe geschrieben (tragoediae Trauerspiele).

Die **Silbentrennung** erfolgt nach der Aussprache, bei zusammengesetzten Wörtern nach den Bestandteilen: me-us mein, ma-gis-ter der Lehrer; in-ter-es-se teilnehmen. Bei mehreren auf einen Vokal (Selbstlaut) folgenden Konsonanten (Mitlauten) kommt der letzte, ist dieser aber ein auf einen p-, k- oder t-Laut folgendes l oder r, kommen die beiden letzten Konsonanten auf die neue Zeile: mul-tī viele, sānc-tus heilig; aber templum der Tempel, a-grī die Äcker, pa-trēs die Väter.

Aussprache §2

Die lateinische Aussprache entspricht der deutschen mit folgenden Abweichungen:

c sprich k: Caesar sprich Käsar; schola (die Schule) sprich ßkola (vgl. *Chor*).

Erst seit dem frühen Mittelalter wurde es üblich, c vor e, ae, oe, i, y wie z zu sprechen: Caesar = Zäsar; Cicerō = Zizero; vgl. unsere später übernommenen Lehn- und Fremdwörter wie Zirkus, Karzer.

s sprich ß: sōlus (allein) sprich: ßoluß: falsus (falsch) sprich falßuß.

sp und st wird nicht, wie im Deutschen, schp und scht, sondern ßp und ßt gesprochen: spiritus (der Geist) sprich ßpirituß; studium (der Eifer) sprich ßtudium.

ti sprich ti (nicht zi, wie im Deutschen): nātiō (der Stamm) sprich natio.

i sprich j, wenn es mit folgendem Vokal (Selbstlaut) eine Silbe bildet: Iū-li-us sprich Julius.

v sowie unbetontes u nach ng, q und s sprich w: vīnum (der Wein) sprich winum; lingua (die Sprache) sprich lingwa; equus (das Pferd) sprich ekwus; Suēbī sprich Swebi.

ae, oe, au, eu sind fast immer Diphthonge (Doppellaute). Getrennt gesprochen werden sie in Worten wie: a-ër (die Luft), po-ēta (der Dichter), Menelā-us, de-us (der Gott).

ie und ei werden getrennt: di-ēs (der Tag), de-ī (die Götter).

Vokale sind kurz (hic dieser) oder lang (hīc hier), Diphthonge sind immer lang (causae die Ursachen).

Ein an sich kurzer Vokal wird vor nf und ns lang gesprochen: īnfāns (das Kind).

Silbenmessung und Wortbetonung §3

Die **Quantität** (Sprechdauer) einer Silbe ist nicht gleich der Länge oder Kürze ihres Vokals. Lang ist nicht nur eine Silbe mit Diphthong oder langem Vokal (Naturlänge), z. B. aestās (der Sommer); als lang gilt auch eine Silbe mit kurzem Vokal, wenn sie durch einen Konsonanten geschlossen ist und die nächste mit einem Konsonanten beginnt (sog. Positionslänge), z. B. campus (das Feld). Wenn aber auf einen p-, k- oder t-Laut ein l oder r folgt (mūta cum liquidā), so längen diese Verbindungen den vorhergehenden Vokal nicht, weil sie als ein Laut zur nächsten Silbe gehören, z. B. te-nĕ-brae (die Dunkelheit), Pă-trŏ-clus.

Betonung: In zweisilbigen Wörtern wird die vorletzte Silbe betont: áger (der Acker). In drei- und mehrsilbigen Wörtern ruht der Ton auf der vorletzten Silbe, wenn sie lang ist, aber auf der drittletzten, wenn sie kurz ist: tribū́tum (der Tribut), pĕ́rfidus (treulos).

§ 4 Lautliche Veränderungen

1. Der **Ablaut** entwickelt aus der die Grundbedeutung tragenden Wurzel verschiedene Stämme (vgl. deutsch: *binde, band, gebunden*): tegō, toga, **tēg**ula (Dehnstufe); es-t, **s**-unt (Schwundstufe).
2. Die **Vokalschwächung** ist eine Folge der altlat. Betonung der Anfangssilbe: capiō, accipiō; captus, acceptus; legō, colligō; pulvis, pulveris; homo, hominis; caput, capitis; vulnus, vulneris, d. h. a > i oder e, e > i, i > e, o > i, u > i oder e.
3. Der **Vokalschwund** (Sýnkope) ist ebenfalls eine Folge der altlat. Betonung der Anfangssilbe: pergō aus *per-regō.
4. **Vokalkürzung** erfolgt vor folgendem Vokal (vocālis ante vocālem brevis est), z. B. rēs, rĕī; monĕō zu monēre (ausgenommen, wenn dem langen Vokal noch ein Vokal vorhergeht, z. B. dĭēī zu dĭēs, und bei illīus, ipsīus, unīus, fīō), in Endsilben vor auslautendem Konsonanten außer vor s (z. B. rĕm, aber rēs; monĕt, aber monēs) sowie in urspr. jambischen, auf der Kürze betonten Wörtern (◡́—) (Jambenkürzungsgesetz), z. B. bĕ́nĕ, nĭ́sĭ, mŏ́dŏ (aber vērē, sī und der Ablativ modō).
5. **Vokaldehnung** vor nf, ns, nc + Konsonant und im Part. Perf. Pass. der Verbalstämme auf b, g, d, z. B. īnfāns (das Kind); sānxī (aus *sānc-sī), sānctus (von sancīre); lēctus (von legō), cāsus (von cadō).
6. **Vokalzusammenziehung** (Kontraktion): laudō aus *lauda-ō, cōgō aus *coagō.
7. **Vokalentfaltung:** perīculum aus perīclum.
8. **Rhotazismus:** gerō, ges-sī; mōs, mōr-is; genus, gener-is; laudā-re, es-se: s zwischen Vokalen wird zu r (vgl. *Frost – frieren*).
9. **Assimilation** (Angleichung): apportāre aus *ad-portāre, ferre aus *fer-se.
10. **Dissimilation** („Ungleichmachung"): -ālis wird zu -āris, wenn schon ein *l* vorhergeht: plūrālis, aber singulāris.
11. **Konsonantenschwund:** īdem (aus *isdem); nōscō (aus *gnōscō); audīstī (aus audīvistī); pēs (aus *peds); nīl (aus nihil).
12. **Entstehung eines Zwischenkonsonanten** zur Erleichterung der Aussprache: sūmpsī statt *sūmsī von sūmere. Vielleicht ist so auch missum über eine Zwischenstufe *mit-s-tum aus *mitt-tum zu erklären.
13. **Analogie** (Übereinstimmung, sinngemäße Übertragung aufgrund der Ähnlichkeit): aus honōs entstand honor in Anpassung an die durch Rhotazismus entstandenen Formen honōris, honōrī (vgl. *eines Nachts* in Analogie zu *eines Tages*).

Formenlehre

Die Wortklassen §5

Da das Lateinische keine Artikel besitzt, hat es nur 9 Wortklassen:

1. Substantiv(um) – Hauptwort.
2. Adjektiv(um) – Eigenschaftswort.
3. Pronomen – Fürwort.
4. Numerale – Zahlwort.

Die Wörter dieser 4 Wortklassen nennt man zusammenfassend Nomina – Nennwörter (Einzahl Nomen); ihre Flexion (Beugung) heißt Deklination.

5. Verbum – Zeitwort. Seine Flexion heißt Konjugation.
6. Adverb(ium) – Umstandswort.
7. Präposition – Verhältniswort.
8. Konjunktion – Bindewort.
9. Interjektion – Empfindungswort.

Die Wortklassen 6–9 sind unflektierbar (unveränderlich).

Das Nomen §6

Bei den Nomina unterscheidet man Genus (Geschlecht), Numerus (Zahl) und Kasus (Fall).

Es gibt 3 Genera: Maskulinum, Femininum und Neutrum (männliches, weibliches und sächliches Geschlecht).

Es gibt 2 Numeri: Singular(is) und Plural(is) (Einzahl und Mehrzahl)[1]).

Es gibt 6 Kasus: Nominativ(us) – 1. Fall (wer oder was?); Genetiv(us) – 2. Fall (wessen?); Dativ(us) – 3. Fall (wem?); Akkusativ(us) – 4. Fall (wen oder was?); Ablativ(us) – 5. Fall (woher?, wovon?, – wo?, wann?, – womit?, wodurch?); Vokativ(us) – 6. Fall[2]).

Beim Bestimmen einer Nominalform ist folgende Reihenfolge üblich:
magnās = Akk. Plur. Fem. von magnus groß.

Das Verbum §7

Eine Verbalform, die durch eine Personalendung bestimmt ist, bezeichnet man als Verbum finitum, eine nicht durch Personalendung bestimmte als Verbum infinitum. Bei einem **Verbum finitum** unterscheidet man Genus verbi (Zustandsform und Handlungsart), Tempus (Zeitform), Modus (Aussageweise), Numerus (Zahl) und Person.

Es gibt:

2 Genera verbi: Aktiv(um) – Tätigkeitsform und Passiv(um) – Leideform. Letzteres bezeichnet auch die zwischen Aktiv und Passiv liegende Form, das sog. Medium, das im Deutschen meist reflexiv wiedergegeben wird, z. B. mīrārī sich wundern.

---

[1]) Ein Wort, das *nur* im Singular vorkommt (vgl. *der Schutz*), heißt Singulare tantum. Ein Wort, das *nur* im Plural vorkommt (vgl. die *Eltern*), heißt Plurale tantum.

[2]) Da der Anredefall meist wie der Nominativ lautet, wird er in der Deklinationstabelle (§ 10 u. 11) nicht aufgeführt.

6 Tempora: 1 Tempus der Gegenwart: Präsens; 3 Tempora der Vergangenheit: Imperfekt(um), Perfekt(um) und Plusquamperfekt(um); 2 Tempora der Zukunft: Futur(um) I und Futur(um) II oder Futurum exactum.

3 Modi: Indikativ(us) – Wirklichkeitsform, Konjunktiv(us) – Möglichkeits-(Vorstellungs-)Form und Imperativ(us) – Befehlsform.

2 Numeri: Singular(is) und Plural(is) und innerhalb dieser je 3 Personen: die 1. oder sprechende, die 2. oder angesprochene und die 3. Person, von der gesprochen wird.

Beim Bestimmen einer Verbform ist die folgende Reihenfolge üblich:

mittunt = 3. Pers. Plur. Ind. Präs. Akt. von mittere schicken.

Zum **Verbum infinitum** gehören folgende Verbalnomina:

3 Verbalsubstantiva:

1. der Infinitiv(us) – Nennform;
2. das Gerundium (die Deklinationsform des substantivierten Inf. Präs. Akt.);
3. das Supinum (Form zur Bezeichnung eines Zwecks);

2 Verbaladjektiva:

1. das Partizip(ium) – Mittelwort;
2. das Gerundivum (das einem Part. Präs. Pass. entspricht).

§ 8 Bildung der Nomina und Verba

Die den verschiedenen Wörtern einer Wortfamilie gemeinsame Lautverbindung, die deren Grundbedeutung enthält, nennen wir **Wurzel**; z. B. ist reg- die Wurzel für die Substantiva rēx (aus *rēg-s), rēg-īna, rēg-num, rĕgiō, für die Adjektiva rēg-ius und rēg-ālis und für die Verba rĕg-ere und rēg-nāre.

Durch Hinzufügung eines oder mehrerer Laute (Suffixe) erwächst aus der Wurzel der **Stamm** eines Einzelwortes, der dessen Bedeutungsgehalt zum Ausdruck bringt; z. B. rēg-n-o- oder rēg-n-ā-. Manchmal fällt auch der Wortstamm mit der Wurzel zusammen, z. B. reg- in reg-ere.

Durch Hinzutreten der **Endungen** entstehen die einzelnen Wortformen, z. B.:

rēgno- + m	ergibt	rēgnum (aus *rēgnom) das Königreich (Nom. u. Akk. Sing);
rēgno- + rum	ergibt	rēgnōrum = Gen. Plur. von rēgnum (ō statt o analog der ā-Dekl.);
rēgnā- + re	ergibt	rēgnāre herrschen (Inf. Präs. Akt.);
rēgnā- + t	ergibt	rēgnat er herrscht (3. Pers. Sing. Ind. Präs. Akt.);
rēg- + s	ergibt	rēx der König (Nom. Sing.);
reg- + ō	ergibt	regō ich lenke (1. Pers. Sing. Ind. Präs. Akt.).

An der Endung erkennen wir also bei den Nomina den Kasus, den Numerus und das Genus, bei den Verben die Person, den Numerus, das Tempus und das Genus.

Man findet den **Stamm eines Nomens**, indem man vom Gen. Plur. die Endung -um oder -rum abstreicht:

silvā-rum, servō-rum, cāsu-um, rē-rum, dolōr-um, turri-um.

Nach dem verschiedenen Stammauslaut unterscheidet man eine ā-, o-, ū-, ē-Deklination, eine konsonantische und eine i-Deklination. Dazu kommt noch eine gemischte Deklination, deren Kasusausgänge teils aus der konsonantischen, teils aus der i-Deklination genommen sind.

Den **Stamm eines Verbums** findet man durch Abstreichen der Infinitivendung -re.

Man unterscheidet nach dem Stammauslaut eine ā-, ē-, konsonantische und ī-Konjugation:
laudā-re, monē-re, mitt-e-re (das e vor re ist eingeschoben), audī-re.

Da der Stammauslaut oft mit der Endung zu einer Einheit verschmilzt (*rēgno-ī zu rēgnī des Königreiches, ebenso *rēgnā-ō zu rēgnō ich herrsche), so daß er nicht mehr in allen Kasus der Nomina erkennbar ist, unterscheiden wir bei den Deklinationsbeispielen statt Stamm und Endung den sich immer gleichbleibenden **Wortstock** (rēgn-) und den die einzelnen Kasus bezeichnenden **Wortausgang** (-um, -ī, -ōrum).

Wortstellung §9

Die Wortstellung ist im Lateinischen freier als im Deutschen.

1. Betonte Wörter stehen oft am Anfang oder Schluß des Satzes. Das Prädikat steht meist am Satzschluß. Appositionen und von Eigennamen abgeleitete adj. Attribute stehen stets hinter dem Substantiv: Cicero cōnsul, Sōcratēs Athēniēnsis. Vor Eigennamen stehen jedoch die Appositionen flumen, mōns, urbs, rēx, imperātor (Kaiser): flumen Rhēnus (der Rhein).

2. Stets nachgestellt werden autem aber, quoque auch, enim nämlich, ferē fast; angehängt werden -que und, -ve oder.

3. Die Negation steht vor dem Verb oder Hilfsverb; gehört sie aber nur zu einem einzelnen Begriff, so steht sie vor diesem: hodiē nōn veniam ich werde heute nicht kommen; sānus nōn sum ich bin nicht gesund; aber nōn hodiē, sed crās veniam nicht heute, sondern morgen werde ich kommen.

4. Attributive Adjektive und Possessivpronomina stehen meist hinter ihrem Substantiv. Nur wenn sie betont werden sollen, stehen sie voran, ebenso die Demonstrativpronomina sowie die unbestimmten Zahlwörter, z. B. multī viele, paucī wenige, omnēs alle.

5. Trennung des Adjektivs von seinem Substantiv dient zur Hervorhebung: magnō in perīculō in großer Gefahr, praeclārus ille poēta jener berühmte Dichter, magna maiōrum merita die großen Verdienste der Vorfahren.

6. Geschlossene Wortblöcke sind häufiger als im Deutschen: plānitiēs ante oppidum sita die Ebene vor der Stadt; pūgna ad Cannās facta die Schlacht bei Cannae.

7. Das gemeinsame Subjekt des Haupt- und Nebensatzes oder ein beiden gemeinsamer anderer Satzteil stehen am Satzanfang vor der Konjunktion: amīcus, ubī advēnit, mē adiit sobald mein Freund angekommen war, besuchte er mich.

Das Nomen

§ 10 Deklination

	I. oder ā-Dekl.	II. oder o-Dekl.		IV. oder ū-Dekl.	
	Wald	Sklave	Tempel	Fall	Flügel, Horn
Stamm	silvā-	servo-	templo-	cāsū-	cornū-
Wortstock	silv-	serv-	templ-	cās-	corn-
Nom. Sing.	silv-**a**	serv-**us**	templ-**um**	cās-**us**	corn-**ū**
Gen. „	silv-**ae**	serv-**ī**	templ-**ī**	cās-**ūs**	corn-**ūs**
Dat. „	silv-**ae**	serv-**ō**	templ-**ō**	cās-**uī**	corn-**ū**
Akk. „	silv-**am**	serv-**um**	templ-**um**	cās-**um**	corn-**ū**
Abl. „	silv-**ā**	serv-**ō**	templ-**ō**	cās-**ū**	corn-**ū**
Nom. Plur.	silv-**ae**	serv-**ī**	templ-**a**	cās-**ūs**	corn-**ua**
Gen. „	silv-**ārum**	serv-**ōrum**	templ-**ōrum**	cās-**uum**	corn-**uum**
Dat. „	silv-**īs**	serv-**īs**	templ-**īs**	cās-**ibus**	corn-**ibus**
Akk. „	silv-**ās**	serv-**ōs**	templ-**a**	cās-**ūs**	corn-**ua**
Abl. „	silv-**īs**	serv-**īs**	templ-**īs**	cās-**ibus**	corn-**ibus**

Die Wörter der o-Deklination auf -us bilden im Singular einen besonderen Vokativ auf -e, z. B. Paule! Sonst ist der Vokativ gleich dem Nominativ. Die Wörter auf -er vgl. § 12.

§ 11 Deklination der Adjektiva,

	o-	ā-	o-Dekl.	pronominale Deklination		
	lang			ganz		
Stamm	longo-	longā-	longo-	tōto-	tōtā-	tōto-
Wortstock	long-	long-	long-	tōt-	tōt-	tōt-
	Mask.	Fem.	Neutr.	Mask.	Fem.	Neutr.
Nom. Sing.	long-**us**	long-**a**	long-**um**	tōt-**us**	tōt-**a**	tōt-**um**
Gen. „	long-**ī**	long-**ae**	long-**ī**	tōt-**īus**	tōt-**īus**	tōt-**īus**
Dat. „	long-**ō**	long-**ae**	long-**ō**	tōt-**ī**	tōt-**ī**	tōt-**ī**
Akk. „	long-**um**	long-**am**	long-**um**	tōt-**um**	tōt-**am**	tōt-**um**
Abl. „	long-**ō**	long-**ā**	long-**ō**	tōt-**ō**	tōt-**ā**	tōt-**ō**
Nom. Plur.	long-**ī**	long-**ae**	long-**a**	tōt-**ī**	tōt-**ae**	tōt-**a**
Gen. „	long-**ōrum**	long-**ārum**	long-**ōrum**	tōt-**ōrum**	tōt-**ārum**	tōt-**ōrum**
Dat. „	long-**īs**	long-**īs**	long-**īs**	tōt-**īs**	tōt-**īs**	tōt-**īs**
Akk. „	long-**ōs**	long-**ās**	long-**a**	tōt-**ōs**	tōt-**ās**	tōt-**a**
Abl. „	long-**īs**	long-**īs**	long-**īs**	tōt-**īs**	tōt-**īs**	tōt-**īs**

Die Adjektiva und Possessivpronomina auf -er vgl. §§ 12 u. 23.

der Substantiva

§ 10

V. oder ē-Dekl.	III. Deklination				
	konsonantische Dekl.		i-Dekl.		gemischte Dekl.
Sache	Schmerz	Körper	Turm	Meer	Teil
rē-	dolōr-	corpor-	turri-	mari-	parti-
r-	dolōr-	corpor-	turr-	mar-	part-
r-**ēs** r-**eī** r-**eī** r-**em** r-**ē**	dolor dolōr-**is** dolōr-**ī** dolōr-**em** dolōr-**e**	corpus corpor-**is** corpor-**ī** corpus corpor-**e**	turr-**is** turr-**is** turr-**ī** turr-**im** turr-**ī**	mar-**e** mar-**is** mar-**ī** mar-**e** mar-**ī**	pars part-**is** part-**ī** part-**em** part-**e**
r-**ēs** r-**ērum** r-**ēbus** r-**ēs** r-**ēbus**	dolōr-**ēs** dolōr-**um** dolōr-**ibus** dolōr-**ēs** dolōr-**ibus**	corpor-**a** corpor-**um** corpor-**ibus** corpor-**a** corpor-**ibus**	turr-**ēs** turr-**ium** turr-**ibus** turr-**īs (-ēs)** turr-**ibus**	mar-**ia** mar-**ium** mar-**ibus** mar-**ia** mar-**ibus**	part-**ēs** part-**ium** part-**ibus** part-**ēs (-īs)** part-**ibus**

In der ē-Dekl. ist im Gen. und Dativ Sing. das e des Ausgangs (§ 4, 4) nach einem Konsonanten kurz (z. B. fidēs, fideī die Treue), nach einem Vokal lang (z. B. diēs, diēī der Tag).

Komparative und Partizipien

§ 11

konsonantische Deklination		i-Deklination		gemischte Deklination	
länger		kurz		schickend	
long-iōr-		brevi-		mitt-enti-	
long-iōr-		brev-		mitt-ent-	
Mask., Fem.	Neutr.	Mask., Fem.	Neutr.	Mask., Fem. und Neutr.	
long-ior long-iōr-**is** long-iōr-**ī** long-iōr-**em** long-iōr-**e**	long-ius long-iōr-**is** long-iōr-**ī** long-ius long-iōr-**e**	brev-**is** brev-**is** brev-**ī** brev-**em** brev-**ī**	brev-**e** brev-**is** brev-**ī** brev-**e** brev-**ī**	mitt-ēns mitt-ent-**is** mitt-ent-**ī** mitt-ent-**em** mitt-ent-**e**	mitt-ēns mitt-ēns
long-iōr-**ēs** long-iōr-**um** long-iōr-**ibus** long-iōr-**ēs** long-iōr-**ibus**	long-iōr-**a** long-iōr-**um** long-iōr-**ibus** long-iōr-**a** long-iōr-**ibus**	brev-**ēs** brev-**ium** brev-**ibus** brev-**ēs (-īs)** brev-**ibus**	brev-**ia** brev-**ium** brev-**ibus** brev-**ia** brev-**ibus**	mitt-ent-**ēs** mitt-ent-**ium** mitt-ent-**ibus** mitt-ent-**ēs (-īs)** mitt-ent-**ibus**	**-ia** **-ia**

Einige Adjektiva der III. Dekl. haben im Nom. Sing. für alle 3 Geschlechter dieselbe Endung, z. B. audāx kühn (Stamm audāci-) und sapiēns weise (Stamm sapient-); wird sapiēns als Partizip v. sapere weise sein aufgefaßt, so geht es nach der gemischten Dekl. wie mittēns.

§ 12 Wörter auf -er

o-Deklination:

Substantiva mit stammhaftem -e-: puer, puerī Knabe (St. puero-);
„ „ eingeschobenem -e-: ager, agrī Acker (St. agro-).
Ähnlich vir, virī Mann.

Adjektiva mit stammhaftem -e-: miser, misera, miserum elend (St. misero-, -ā-).
„ „ eingeschobenem -e-: pulcher, pulchra, pulchrum schön (St. pulchro-, -ā-).

Konsonantische, gemischte und i-Deklination:

Substantiva mit stammhaftem -e-: agger, aggeris Damm (St. agger-);
„ „ eingeschobenem -e-: imber, imbris Regen (St. imbri-).

Adjektiva mit stammhaftem -e-: celer, celeris, celere schnell (St. celeri-):
„ „ eingeschobenem -e-: ācer, ācris, ācre scharf (St. ācri-).

§ 13 Übersicht über die I.-III. Deklination

Nach der **o/ā-Deklination** werden außer den Substantiven und Adjektiven auf -us (-er), -a, -um dekliniert: das Part. fut. act. laudātūrus einer, der loben wird; das Part. perf. pass. laudātus gelobt; das Gerundivum laudandus einer, der gelobt werden muß; das Gerundium als substantivierte Form des Infinitivs; die Possessivpronomina meus mein, tuus dein, suus sein, ihr, noster unser, vester euer; die Superlative (z. B. longissimus, a, um der längste), die Grundzahlen 200–900 (z. B. ducentī, ae, a 200) und sämtliche Ordnungszahlen (z. B. prīmus, a, um der erste). Über die Pronominaladjektiva vgl. § 11.

Nach der **konsonantischen Deklination (-e, -a, -um)** gehen

1. die meisten Substantiva der III. Deklination,
2. die Komparative (z. B. longior, -ius länger) außer plūrēs, a, ium mehr und complūrēs, a, ium mehrere,
3. 5 Adjektiva[1]) einer Endung: dīves, Gen. dīvitis reich; pauper, pauperis arm; vetus, veteris alt; particeps, participis teilhaftig und prīnceps, prīncipis der erste.

Nach der **i-Deklination (-ī, -ia, -ium)** gehen:

1. vīs Gewalt, sitis Durst, puppis Heck, turris Turm, febris Fieber und secūris Beil, die Fluß- und Stadtnamen auf -is wie Tiberis, Neāpolis[2]);
2. die Neutra[3]) auf -ar, -e, -al (z. B. exemplar Muster) und moenia, ium Stadtmauer;
3. alle Adjektiva der III. Dekl. mit 3 oder 2 und die meisten (s.o.) mit 1 Endung, z. B. ācer, ācris, ācre scharf; brevis, breve kurz; audax kühn;
4. die Zahlwörter trēs, tria drei und mīlia die Tausender.

---

[1]) Vielleicht urspr. Substantiva.
[2]) Die Substantiva haben im Akk. Sing. die Endung -im.
[3]) Eigtl. Adjektiva auf -āre, -āle.

Nach der **gemischten Deklination (-e, -ium)** gehen

1. die gleichsilbigen[1]) Substantiva auf -ēs und -is (z. B. clādēs, is Niederlage, cīvis, is Bürger);
2. die Substantiva, die vor der Genetivendung mehrere Konsonanten aufweisen (z. B. urbs, urbis Stadt);
3. die Partizipien des Präs. Akt. (z. B. mittēns, entis schickend).

Jedoch bilden den Gen. Plur. auf -um die Wörter sēdēs, is Sitz, canis, is Hund, iuvenis, is Jüngling; pater, tris Vater, māter, tris Mutter, frāter, tris Bruder und parentēs, um Eltern.

Geschlechtsregeln §14

1. Für das **natürliche Geschlecht** der Substantiva aller Deklinationen gilt die Regel
   Männlich sind Männer, Flüsse[2]), Wind';
   die Frau'n und Bäume[2]) weiblich sind.

poēta clārus	der berühmte Dichter	anus (-ūs) misera	die arme alte Frau
Sēquana lātus	die breite Seine	fāgus (-ī) alta	die hohe Buche
Aquilō (-ōnis) frīgidus	der kalte Nordwind	quercus (-ūs) lāta	die breite Eiche

2. Alle anderen Substantiva haben ein an der Deklinationszugehörigkeit und der Nominativendung erkennbares **grammatisches Geschlecht** nach folgenden Regeln:

   I. die Substantiva der ā-Deklination sind weiblich.
   II. die „ „ o- „ auf -us und -er sind männlich, auf -um sächlich.
   IV. die „ „ ū- „ auf -us sind männlich, auf -ū sächlich.
   V. die „ „ ē- „ sind weiblich.

   III. Für die konsonantische, i- und gemischte Deklination gelten die Regeln:
   1. Männlich sind nis, or, ōs, e-r und e-s Ungleichsilbiger.
   2. Weiblich ist die Endung ō; ein s am Schluß meist ebenso.
   3. Sächlich sind ar, ur, us, e sowie die a, c, l, n, t.

Beispiele

zu I.		zu IV.	
silva dēnsa	der dichte Wald	cāsus adversus	der ungünstige Fall
zu II.		cornū dextrum	der rechte Flügel
servus fīdus	der treue Sklave		
ager fēcundus	der fruchtbare Acker	zu V.	
templum clārum	der berühmte Tempel	rēs pūblica	(die öffentl. Sache) der Staat

---

[1]) Als gleichsilbig sind hier die Substantiva bezeichnet, die im Nom. und Gen. Sing. die gleiche Silbenzahl haben.

[2]) Flüsse wurden als männliche, Bäume als weibliche Gottheiten betrachtet.
Ausnahme: Allia, f. die Allia.

zu III, 1.		zu III, 3.	
fīnis (-is) ultimus	die äußerste Grenze	exemplar (-āris) nōtum	das bekannte Muster
labor (-ōris) magnus	die große Mühe	fulgur (-uris) lūcidum	der leuchtende Blitz
mōs (mōris) antīquus	die alte Sitte	corpus (-oris) hūmānum	der menschliche Körper
agger (aggeris) altus	der hohe Wall	mare (-is) profundum	das tiefe Meer
pēs (pedis) nūdus	der bloße Fuß	poēma (-atis) Graecum	das griechische Gedicht
līmes (līmitis) fīrmus	der feste Grenzwall	lac (lactis) album	die weiße Milch
		animal (-ālis) parvum	ein kleines Lebewesen (Tier)
zu III, 2.			
regiō (-ōnis) aspera	die unwirtliche Gegend	nōmen (-inis) clārum	ein berühmter Name
nūbēs (-is) ātra	die schwarze Wolke	caput (-itis) cānum	das graue Haupt

§ 15 Ausnahmen

zu II. *Weiblich* sind: Städte, Inseln und Länder auf -us und humus, z. B. Corinthus clāra das berühmte Korinth; Dēlus parva das kleine Delos; Aegyptus fēcunda das fruchtbare Ägypten; humus sicca der trockene Erdboden.

Sächlich sind: vulgus profānum das gewöhnliche Volk; vīrus perīculōsum das gefährliche Gift.

Zu IV. *Weiblich* sind: domus mea mein Haus; tribus urbāna der städtische Bezirk; porticus alta die hohe Säulenhalle; manus parva die kleine Hand (Schar); Īdūs (-uum) Martiae die Iden (Monatsmitte) des März (= 15. März).

Zu V. diēs ultimus der letzte Tag; aber: diēs cōnstitūta der festgesetzte Termin.

Zu III.

Als *männlich* lerne aber fōns,
dēns, sanguis, lapis, pulvis, mōns,
grex, vertex, collis, sāl, sōl, pōns,
as, sermō, ōrdō, leō, mēnsis,
und piscis, fascis, orbis, ēnsis.

Als *weiblich* merke arbor bloß
und mercēs, quiēs, seges, dōs.
Als *sächlich* lernen wir zum Schluß
cadāver, iter, iūs und rūs,
cor, aequor, marmor, vēr und aes,
os, ōs sowie auch vās Gefäß.

Beispiele

fōns (-ntis) pūrus	die reine Quelle	arbor (-oris) alta	der hohe Baum
dēns (-ntis) cavus	der hohle Zahn	mercēs (-ēdis) parva	der niedrige Lohn
sanguis (-inis) ruber	das rote Blut	quiēs (-ētis) nocturna	die nächtliche Ruhe
lapis (-idis) pretiōsus	der kostbare Stein	seges (-etis) matūra	die reife Saat
pulvis (-eris) dēnsus	der dichte Staub	dōs (dōtis) magna	die große Mitgift
mōns (-ntis) arduus	der steile Berg		
grex (gregis) laetus	die muntere Herde	cadāver (-eris) cruentum	der blutige Leichnam
vertex (-icis) nūdus	der kahle Gipfel	iter (itineris) magnum	der Eilmarsch
collis (-is) Palātīnus	der Palatinische Hügel	iūs (iūris) Rōmānum	das römische Recht
sāl (-is) albus	das weiße Salz	rūs (rūris) proprium	das eigene Landgut
sōl (-is) fervidus	die heiße Sonne	cor (cordis) sānum	das gesunde Herz
pōns (-ntis) līgneus	die hölzerne Brücke	aequor (-oris) vāstum	das weite Meer
as (assis) aēneus	das Kupferas	marmor (-oris) album	der weiße Marmor
sermō (-ōnis) doctus	das gelehrte Gespräch	vēr (vēris) grātum	der willkommene Frühling
ordo (-inis) senātōrius	der Senatorenstand		
leō (-ōnis) saevus	der grimmige Löwe	aes (aeris) aliēnum	(fremdes Erz) die Schulden
mēnsis (-is) Martius	der Monat März		
piscis (-is) mortuus	der tote Fisch	os (ossis) album	der bleiche Knochen
fascis (-is) dēnsus	das dichte Rutenbündel	ōs (ōris) laetum	das frohe Gesicht
orbis (-is) extrēmus	der äußerste Kreis	vās (vāsis) aureum	das goldene Gefäß
ēnsis (-is) ferreus	das eiserne Schwert		

Geschlechtsregeln der konsonantischen, i- und gemischten Deklination nach den Stämmen § 16

Die Stämme der sog. 3. Deklination enden entweder auf einen Vokal (i) oder auf Konsonanten. Bei diesen unterscheiden wir *Dauerlaute* (m, n, l, r, s) und *Verschlußlaute* (k-, p-, t-Laute). Vor dem Nominativ-s erleiden die letzteren folgende Veränderungen: k-Laute verschmelzen mit s zu x, t-Laute fallen vor s aus.

Männlich sind:

1. Dauerlautstämme mit langem Vokal in der Endsilbe (z. B. dolōr-, sermōn-);
2. -nis, ordo, sanguis, lapis, fōns, dēns, cinis, pulvis, orbis, mōns, grex, vertex, collis, sāl, sōl, pōns, pēs, agger, carcer, imber, mēnsis, as, piscis, aër, venter, ēnsis.

Weiblich sind:

1. Verschlußlautstämme mit Nominativ-s (z. B. plēbs, St. plēb-; lēx, St. lēg-; aetas, St. aetāt-; virtūs, St. virtūt-);
2. i-Stämme mit Nominativ-s (z. B. turris, St. turri-; clādēs, St. clādi-; classis, St. classi-);
3. Dauerlautstämme mit Nominativendung -do, -go, -iō (z. B. cōnsuētūdo, St. cōnsuētūdin-; imāgo, St. imāgin-; nātiō, St. nātiōn-) sowie arbor und hiems.

Sächlich sind:

1. Verschlußlautstämme ohne Nominativ-s (z. B. caput, St. capit-; lac, St. lact-);
2. i-Stämme ohne Nominativ-s (z. B. exemplar, St. exemplāri-; mare, St. mari-; animal, St. animāli);
3. Dauerlautstämme mit kurzem Vokal in der Endsilbe (z. B. corpus, St. corpor-; genus, St. gener; nōmen, St. nōmin-; iter, St. itiner-);
4. 6 einsilbige Dauerlautstämme mit langem Vokal: aes, ōs, iūs, vās, vēr, rūs.[1])

Besonderheiten der Deklinationen § 17

1. deus Gott bildet im Nom. Plur. deī, diī und dī, im Dat. und Abl. Plur. deīs, diīs und dīs. Der Vok. Sing. heißt: deus!
2. locus bildet 2 Pluralformen: locī m. Stellen in Büchern, loca n. Gegend, Gelände.
3. Ältere Genetivformen sind: pater famili**ās** (statt -ae) und de**ŭm** statt deōrum; ebenso: numm**ŭm** (zu nummus Münze), sēstert**iŭm** (zu sēstertius Sesterz), fabr**ŭm** (zu faber Schmied, Pionier), triumvi**rŭm** (zu trēsvirī Dreimännerbehörde), nostrŭm (zu nōs), vestrŭm (zu vōs).
4. vesper Abend bildet 2 Ablative: vesperī (Lokativ) und vespere am Abend.
5. dea Göttin und fīlia Tochter bilden zum Unterschied von deus Gott und fīlius Sohn, wenn sie mit diesen verbunden sind, im Dat. und Abl. Plur. deābus und filiābus.

---

[1]) ebenso fās (indekl.) göttliches Gesetz; **nefās** (indekl.) Frevel, Unrecht

6. Eigennamen auf -ius haben im Gen. Sing. -iī und -ī, im Vok. -ī:
Vergilius, Vergiliī und Vergilī; ebenso mī fīlī! mein Sohn!
Substantiva auf -ium haben im Gen. Sing. -iī und -ī: imperium, imperiī und imperī Reich.
7. Deklination griechischer Eigennamen und Fremdwörter:
Niobē (Nioba), Niobae; Aenēas, Aenēae; Anchīsēs, Anchīsae (Akk. Anchīsēn u. Anchīsān); Orpheus, Orpheī; Salamīs, Salamīnis (Akk. Salamīna und Salamīnem).
aër, aëris m. die Luft hat den griech. Akk. aëra.
8. domus, ūs f. Haus bildet nach der o-Deklination den Abl. Sing. domō und den Akk. Plur. domōs.

Merke:	domī (Lokativ)	zu Hause,
	domum	nach Hause,
	domō	von Hause.

Die Wörter der ū-Deklination bilden den Dat. Sing. sowohl auf -uī als auch auf -ū. Zur Unterscheidung von ähnlich klingenden Wörtern der III. Dekl. findet man in der ū-Deklination im Dat. und Abl. Plur. auch die Endung -ubus: arcubus von arcus Bogen, aber arcibus von arx Burg; artubus von artus Glied, artibus von ars Kunst.
9. vās, vāsis n. Gefäß bildet den Plural nach der o-Deklination: vāsa, vāsōrum.
10. bōs, bovis Rind bildet im Gen. Plur. boum, im Dat. und Abl. Plur. bōbus und būbus. – senex, senis Greis bildet im Gen. Plur. senum. – Iuppiter, Iovis Jupiter.
11. Manche Wörter kommen nur im Singular vor (Singularia tantum):
indolēs, is f. die geistigen Anlagen, aes aliēnum die Schulden.
12. Manche Wörter kommen nur im Plural vor (Pluralia tantum):

angustiae, ārum f. der Engpaß	spolia, ōrum n. die Beute
dīvitiae, ārum f. der Reichtum	Delphī, ōrum m. Delphi
tenebrae, ārum f. die Finsternis	moenia, ium n. die Stadtmauer
Athēnae, ārum f. Athen	precēs, um f. die Bitten
arma, ōrum n. die Waffen	māiōrēs, um m. die Vorfahren
castra, ōrum n. das Lager	mānēs, ium m. die Geister der Verstorbenen

13. Manche Wörter haben im Singular und Plural verschiedene Bedeutung:

cōpia f.	die Menge, der Vorrat	cōpiae f.	die Truppen
littera f.	der Buchstabe	litterae f.	die Wissenschaft, der Brief
auxilium n.	die Hilfe	auxilia n.	die Hilfstruppen
impedimentum n.	das Hindernis	impedimenta n.	das Gepäck, der Troß
fīnis, is m.	die Grenze	fīnēs, ium m.	das Land, das Gebiet

14. Manche Wörter haben nur einige Kasus:
vīs f. Kraft: vim, vī; Plural: vīrēs, vīrium, vīribus, vīrēs, vīribus;
(ops f. Hilfe): opis, opem, ope; Plural: opēs (Machtmittel), opum, opibus, opēs opibus.
Die Neutra fās das göttliche Recht und nefās Unrecht bilden nur einen Nom. u. Akk. Zu fors f. Zufall gehört forte zufällig. – Ferner: iussū auf Befehl – nātū von Geburt – meā (tuā, suā) sponte freiwillig.

Übersicht über die Kasusausgänge aller Deklinationen
(* bedeutet: verschieden)

Deklination	ā-	o-	ē-	ū-	konson.	i-	gem.
Nom.[1]) Sing.	a	us(er) um	ēs	us ū	* [11]) * [11])	s * [11])	s
Gen.[2]) „	ae	ī	eī (ēī)	ūs	is	is	is
Dat.[3]) „	ae	ō	eī (ēī)	uī ū	ī	ī	ī
Akk.[4]) „	am	um um	em	um ū	em *	im *	em
Abl.[5]) „	ā	ō	ē	ū	e	ī	e (ī)
Nom.[6]) Plur.	ae	ī a	ēs	ūs ua	ēs a	ēs ia	ēs
Gen.[7]) „	ārum	ōrum	ērum	uum	um	ium	ium
Dat.[8]) „	īs	īs	ēbus	ibus	ibus	ibus	ibus
Akk.[9]) „	ās	ōs a	ēs	ūs ua	ēs a	īs (ēs) ia	ēs (īs)
Abl.[10]) „	īs	īs	ēbus	ibus	ibus	ibus	ibus

In allen Deklinationen sind Dat. u. Abl. im Plur. gleich, bei den Neutra sind Nom. u. Akk. im Sing. u. Plur. gleich.

1. Der *Nom. Sing.* ist entweder gleich dem Wortstamm, der aber auch gekürzt werden kann (ā > a, o > u, ū > u, ī > e), oder er wird durch Anhängung eines s gebildet (c oder g + s ergibt x). Nur die Neutra der o-Deklination enden auf m. – Im Vokativ der Maskulina der o-Deklination auf -us ist das o des Stammes zu e abgelautet. – Bei den Wörtern der -o-Deklination auf -er ist der urspr. Nominativausgang *os hinter dem r verlorengegangen.

2. Der *Gen. Sing.* hat die Endung -ī oder -s (3. Dekl. -is). -ai wurde zu -ae, -oi zu -ī verschmolzen. – In der ē-Deklination wird das ē des Stammes nach § 4, 4 gekürzt, außer wenn ihm ein Vokal vorangeht.

3. Der *Dat. Sing.* hat die Endung -ī. -ai wurde zu -ae, -oi zu ō. – In der i-Deklination fiel das i des Stammes aus. Der Dativ der ū-Deklination endet auf -uī oder -ū. – Für den Dat. der ē-Deklination vgl. den Gen.

4. Der *Akk. Sing.* endet (außer bei den Neutra der III. und ū-Deklination) immer auf -m, vor dem in der III. Deklination hinter Konsonanten ein e eingeschoben wurde; ā, ē und ū wurden gekürzt (nach § 4,4), o zu u geschwächt. Für die Neutra vgl. den Nom.

5. Der *Abl. Sing.* hatte urspr. die Endung -d mit vorhergehendem langen Vokal. Dieses -d fiel fort. Bei kons. Stämmen wurde e angefügt. Lokative auf -ī sind: Dēlī, Rōmae (<Rōmaī), hūmī, domī, vesperī.

6. Der *Nom. Plur.* hat, wie der Gen. Sing., die Endung -ī oder -s, bei den Neutra -a. -ai wurde zu -ae, -oi zu -ī, -oa zu -a; das gelängte -ēs der III. Deklination kommt von den i-Stämmen her.

7. Der *Gen. Plur.* hat die Endungen -rum (nach § 4,8 aus -*som) oder -um. o wurde analog der ā-Deklination zu ō gedehnt, ū nach § 4,4 zu u geschwächt.

8. Der *Dat. Plur.* hat die Endungen -īs oder -bus. -ai und -oi wurde zu -ī. Das -ibus der III. Deklination kommt von den i-Stämmen her.

9. Der *Akk. Plur.* hatte urspr. die Endung -ns und verlängerte deshalb den vorhergehenden Vokal. Später fiel das n weg. Bei den konson. Stämmen wurde das eingeschobene e durch ns lang. Die Neutra haben wie im Nom. -a.

10. Der *Abl. Plur.* wird wie der Dat. gebildet.

11. Der *Nom. Sing.* der III. Deklination läßt an seinem Ausgang selten den Stamm erkennen, so daß immer hierzu die Kennntnis des Gen. Sing. notwendig ist. Der Stamm erleidet folgende Veränderungen:

a) Nom. ohne s:

1. n am Stammende fällt fort (nātiō, nātiōn-is; homo, homin-is); oft erscheint der im Gen. geschwächte Stammvokal rein (nōmen, nōmin-is).
2. Wenn der Stamm auf 2 Konsonanten endet, fällt der zweite oft fort (cor, cord-is; lac, lact-is).

b) Nom. mit s:

1. Der Nominativausgang zeigt oft den urspr. s-Stamm: mōs, mōr-is.
2. Bei den Neutra der konson. Deklination auf -us ist das nach § 4,8 zu r abgewandelte s erhalten, und es entsteht unter gleichzeitigem Ablaut aus o oder e ein u (corpus, corporis und genus, generis). – Bei rōbur und Wörtern auf -or wie labor z. B. steht das r analog den andern Kasus auch im Nom.
3. k-Laut + s wird zu x (rēx, rēgis und pāx, pācis).
4. t-Laut vor s fällt ganz weg (aestās, aestāt-is; virtūs, virtūt-is; laus, laud-is); oft erfolgt Vokalwechsel (mīles, mīlit-is und caput, capit-is).
5. i-Stämme haben oft Vokalwechsel (clādēs, clādi-s; mare, mari-s). Bei den Neutra auf -al und -ar fällt i im Nom. und Akk. Sing. weg.
6. Nach -nt- und -rt- fiel das i des Stammes fort (gēns, genti-s und pars, parti-s) und t verschmolz mit s zu s. Auch bei urbs, urbi-s fiel das i des Stammes fort.

§ 19 Komparation[1]) (Steigerung) der Adjektive

Positiv – Grundstufe: longus -a, -um lang,

Komparativ – Steigerungsstufe: longior (m. f.), longius (n.) länger,

Superlativ – Höchststufe: longissimus, -a, -um der längste, sehr lang.

Der **Komparativ** zeigt hinter dem Wortstock **-ior**[2]) für das Mask. u. Fem., **-ius** für das Neutr. und folgt der konson. Deklination (e, a, um); vgl. § 11.

Der **Superlativ** zeigt hinter dem Wortstock **-issimus,** a, um und folgt der o/ā-Deklination.

---

[1]) Von comparāre vergleichen.

[2]) Die urspr. Komparativendung *-ios bildete nach § 4,8 den Gen. -iōris und wurde durch Analogie zu -ior, -ius.

Adjektive auf -er hängen im Superlativ[1]) **-rimus, a, um** an den *Nominativ*,
miser, misera, miserum, arm, elend; miserior, miserius; miserrimus, a, um;
ācer, ācris, ācre scharf, heftig; ācrior, ācrius; ācerrimus, a, um.

Zusatz

Erweitert wird der Komparativ durch multō viel, paulō wenig, quō-eō je – desto (vgl. § 80), etiam noch, der Superlativ durch longē bei weitem und quam möglichst.

Quam nach einem Komparativ heißt „als"; es kann durch den abl. comp. ersetzt werden: sōl maior est quam aliae stēllae = sōl maior est aliīs stēllīs die Sonne ist größer als die anderen Sterne.

Besonderheiten

1. *5 Adjektiva auf* **-ilis** hängen im Superlativ[1]) -limus an den Wortstock:

facilis, e	leicht	facilior, -ius	facillimus, a, um
difficilis, e	schwer	difficilior, -ius	difficillimus, a, um
similis, e	ähnlich	similior, -ius	simillimus, a, um
dissimilis, e	unähnlich	dissimilior, -ius	dissimillimus, a, um
humilis, e	niedrig	humilior, -ius	humillimus, a, um

Alle anderen Adjektiva auf -ilis sind regelmäßig:
nōbilis, e (edel); nōbilior, ius; nōbilissimus, a, um.

2. Adjektive *mit einem Vokal vor dem Ausgang* -us umschreiben[2]) die Steigerung im Komparativ mit magis „mehr", im Superlativ mit maximē „am meisten"

arduus, a, um	steil	magis arduus, a, um	maximē arduus, a, um
idōneus, a, um	geeignet	magis idōneus, a, um	maximē idōneus, a, um
pius, a, um	fromm	magis pius, a, um	maximē pius, a, um.

3. Mit **Stammwechsel**[3]) steigern:

bonus, a, um	gut	melior, -ius	optimus, a, um
malus, a, um	schlecht	pēior, -ius	pessimus, a, um
māgnus, a, um	groß	māior, -ius	maximus, a, um
parvus, a, um	klein	minor, -us	minimus, a, um
multum	viel	plūs[4])	plūrimum
multī	viele	plūrēs, a[4])	plūrimī.

---

[1]) Assimilation aus dem ursprünglichen Superlativsuffix -simus (*-acer-simus, *facil-simus), vgl. maximus (*mag-simus).

[2]) Um die Vokalhäufung zu vermeiden. Da u hinter q nicht als Vokal gilt, steigert antīquus (alt): antīquior, antīquissimus.

[3]) Vgl. deutsch: gut, besser, der beste. Ähnlich: vetus (alt), vetustior, veterrimus; magnificus (prächtig), magnificentior, magnificentissimus.

[4]) Gen. plūris bzw. plūrium; ebenso complūres, a, Gen. complūrium mehrere.

4. **Unvollständige Steigerung** zeigen einige Komparative und Superlative, denen ein Adjektiv als Positiv meist fehlt:

interior	der innere	intimus	der innerste	vgl. intrā	innerhalb
exterior	der äußere	extrēmus	der äußerste	„ extrā	außerhalb
īnferior	der untere, unterlegene	īnfimus	der unterste	„ īnfrā	unterhalb
superior	der obere, überlegene	suprēmus	der oberste, letzte, höchste	„ suprā	oberhalb
prior	der frühere, vordere, erste (von zweien)	prīmus	der erste, vorderste	„ prae	vor
posterior	der spätere, hintere	postrēmus	der letzte, hinterste	„ post	nach
propior	der nähere	proximus	der nächste	„ prope	nahe bei
citerior	der diesseitige	–	–	„ citrā	diesseits
ulterior	der jenseitige	ultimus	der letzte, äußerste	„ ultrā	jenseits

Nur den Komparativ haben iūnior (der jüngere) und senior (der ältere).

Oft dient der Superlativ nur zur besonderen Hervorhebung (als *Elativ*[1]) = Sehr-Stufe).

Der Deutsche verwendet dafür oft die Grundstufe oder eine freiere Übersetzung:
vir nōbilissimus ein vornehmer Mann; temporibus antīquissimīs in uralten Zeiten.

Der Komparativ hat auch die Bedeutung „ziemlich, allzu":
modestior ziemlich (allzu) bescheiden.

§ 20 Adverbium (Umstandswort)

Adverbien der Zeit	antworten auf die Fragen „wann? wie lange? wie oft?"
„ des Ortes	„ „ „ „ „wo? woher? wohin?"
„ der Art und Weise	„ „ „ „ „wie? auf welche Weise?"[2])

Bildung der Adverbia

Adjektive der o- *und* ā-*Deklination* und die Superlative setzen an die Stelle des Genetivausgangs -ī ein **-ē**[3]).

---

[1]) Von efferre (ēlātus) herausheben.

[2]) Unterscheide: laetus (Adj.) sum ich bin froh und quam libenter (Adv.) quamque laetus (Prädikativum) tē vīsō wie gern und wie froh suche ich dich auf. Vgl. § 50.

[3]) ē ist Ablaut zum ō-Abl.

Adjektive der *3. Deklination* setzen an die Stelle des Genetivausgangs -is gewöhnlich **-iter**[1]), die auf -nt- endenden Stämme aber **-er.**

Komparative verwenden als Adverb den Akk. Sing. des Neutrums.

doctus	gelehrt	doctē	gelehrt	doctius	gelehrter	doctissimē	am gelehrtesten
miser	elend	miserē	elend	miserius	elender	miserrimē	am elendesten
fēlīx	glücklich	fēlīciter	glücklich	fēlīcius	glücklicher	fēlīcissimē	am glücklichsten
ācer	scharf	ācriter	scharf	ācrius	schärfer	ācerrimē	am schärfsten
sapiēns	weise	sapienter	weise	sapientius	weiser	sapientissimē	am weisesten

Merke: bene gut, male schlecht (mit kurzem e); aliter anders
diū lange, diūtius länger, diūtissimē am längsten
magnopere sehr, magis mehr, maximē am meisten

Auch *erstarrte Kasusformen* dienen als Adverb[2]):

1. Nominative:

satis genug	rūrsus wiederum	prōrsus vorwärts, geradezu

2. Akkusative:

tantum nur	cēterum übrigens	potissimum besonders
parum zu wenig	nimium zu sehr	plērumque meistens
partim teils	statim sofort	passim überall
palam öffentlich	cōram persönlich	Alle Komparative, z. B.
saltem wenigstens	aliās sonst	minus weniger,
facile leicht	saepe oft	potius vielmehr

3. Ablative:

ūnā zusammen	forte zufällig	herī gestern
modo nur, eben	subitō plötzlich	noctū nachts

4. Akk. und Abl. mit Präpos.:

posteā später	admodum sehr	adhūc bis jetzt
praetereā außerdem	adeō so sehr	obviam entgegen
dēnuo von neuem	extemplō sofort	imprīmīs besonders

5. Nominalstämme mit dem Suffix -tus:

	intus drinnen	funditus von Grund aus

Nominalstämme mit dem Suffix -per:

	nūper neulich	semper immer

6. Zusammensetzungen:

hodiē heute	quotannīs jährlich	magnopere sehr
nīmīrum ohne Zweifel	scīlicet offenbar, natürlich	cottīdiē täglich
		prīdiē tags zuvor.

[1]) Das Adverbialsuffix ist eigentlich -ter. Es tritt an die i-Stämme (ācriter) und an die konsonantischen -nt-Stämme: sapien(t)-ter; ebenso audacter zu audāx kühn.

[2]) Vgl. deutsche Adverbien aus erstarrten Kasus: abends, im stillen, zeit meines Lebens

§ 21 **Pronominaladverbia**

		Demonstrativa		Relativa und Interrogativa	Indefinita
Ort	*wo?*	ibĭ da	hīc hier illīc dort	ubĭ, quā wo	alicubĭ, aliquā, usquam irgendwo ubīque überall nusquam nirgends
	woher?	inde von da	hinc von hier illinc von dort	unde von wo	alicunde irgendwoher undique von allen Seiten
	wohin?	eō dahin	hūc hierhin illūc dorthin	quō wohin	aliquō irgendwohin
Zeit	*wann?*	tum damals		cum als, wenn quandō wann	quondam, aliquandō einstmals unquam jemals nunquam niemals
	wie oft?	totiēns so oft		quotiēns wie oft	
Art und Weise	*wie?*	ita, sīc so (vor Verbum) tam so (sehr) (vor Adj. u. Adv.) tantopere so sehr		ut wie quam wie (sehr) quantopere wie sehr	utique jedenfalls

Pronomina

§ 22 **1. Pronomina personalia[1]) (persönliche Fürwörter)**

	1. Person		2. Person		3. Person reflexiv		3. Person nicht reflexiv
Nom. Sing.	egŏ	ich	tū	du	–		is, ea, id er, sie, es
Gen.[2]) „	meī	meiner	tuī	deiner	suī	seiner, ihrer	
Dat. „	mihĭ	mir	tibĭ	dir	sibĭ	sich	
Akk. „	mē	mich	tē	dich	sē	sich	
Abl. „	ā mē	von mir	ā tē	von dir	ā sē	von sich	vgl. unter Pron. demonstr.
Nom. Plur.	nōs	wir	vōs	ihr	–		
Gen.[2]) „	nostrī	unser	vestrī	eurer	suī	ihrer	
	nostrum	von uns	vestrum	von euch			
Dat. „	nōbīs	uns	vōbīs	euch	sibĭ	sich	
Akk. „	nōs	uns	vōs	euch	sē	sich	
Abl. „	ā nōbīs	von uns	ā vōbīs	von euch	ā sē	von sich	

[1]) Bisweilen werden die pron. pers. u. poss. durch angehängtes -te, -met, -pte verstärkt (tūte, nōsmet, suōpte), sē durch Verdoppelung (sēsē).

[2]) meī, tuī, suī, nostrī vestrī sind dem substantivierten Neutr. Sing. der Possessivpron. meum, tuum „mein, dein ... Wesen“ entlehnt. Die Gen. nostrum u.. vestrum zeigen die urspr. Gen. Plur. d. 2. Dekl. von nostrī, vestrī = „der Unsrigen, Eurigen“. Vgl. § 17, 3.

Unterscheide: dēsīderium nostrī die Sehnsucht nach uns = gen. obi. (§ 53) und multī nostrum viele von uns = gen. part. (§ 60).

Die Präpos. cum „mit“ wird dem Abl. angehängt: vōbīscum mit euch.

Die Nominative egŏ̄, tū, is, nōs, vōs, iī werden nur gebraucht, wenn sie betont sind.

Das **Reflexivum** kann sich beziehen: 1. auf das Subj. desselben Satzes: Vārus sē necāvit V. tötete sich; aber: servus eum necāvit der Sklave tötete ihn; 2. in innerlich abhängigen Sätzen (§ 111) auf das Subj. des übergeordneten Satzes: Vārus imperāvit, ut servus sē necāret V. befahl, der Sklave solle ihn töten; 3. im a.c.i. auf das Subj. des regierenden Satzes: Vārus iussit sē necārī V. befahl, ihn zu töten.

2. Pronomina possessiva (besitzanzeigende Fürwörter) § 23

	1. Person	2. Person	3. Person	
			reflexiv	nicht reflexiv
Sing.	meus, a, um mein	tuus, a, um dein	suus, a, um sein, ihr	eius sein, ihr
Plur.	noster, tra, trum unser	vester, tra, trum euer	suus, a, um ihr	eōrum, eārum, eōrum ihr

Fīlium eius (eōrum) amāmus wir lieben ihren (d. h. der Mutter bzw. der Eltern) Sohn. Das substantivierte Possessivpron. wird oft erweiternd übersetzt z. B.: mea meine Habe; nostrī unsere Leute.

3. Pronomina demonstrativa (hinweisende Fürwörter) § 24

	dieser, e, es			er, sie, es; dieser, e, es; der-, die-, dasjenige			jener, e, es		
Nom Sing.	hic	haec	hoc	is	ea	id	ille	illa	illud[1])
Gen. „		huius			eius			illīus	
Dat. „		huic			eī			illī	
Akk. „	hunc	hanc	hoc	eum	eam	id	illum	illam	illud
Abl. „	hōc	hāc	hōc	eō	eā	eō	illō	illā	illō
Nom. Plur.	hī	hae	haec	eī (iī)	eae	ea	illī	illae	illa
Gen. „	hōrum	hārum	hōrum	eōrum	eārum	eōrum	illōrum	illārum	illōrum
Dat. „		hīs			eīs (iīs)			illīs	
Akk. „	hōs	hās	haec	eōs	eās	ea	illōs	illās	illa
Abl. „		hīs			eīs (iīs)			illīs	

Wie ille, -a, -ud wird **iste, -a, ud** „dieser da“ (oft mit verächtlichem Nebensinn) und **ipse**[2]), **-a, -um** „selbst“ dekliniert. – Wie is, ea, id wird **īdem**[3]), **éadem, idem** „derselbe“ dekliniert (aber Akk. Sing. eundem, eandem; Gen. Plur. eōrundem, eārundem, eōrundem); neben iī(s)(dem) findet sich auch eī(s)(dem) u. ī(s)(dem).

Merke: hīc hier; eō dahin, desto (vgl. § 21 u. 19).

---

1) Die Neutrumendung -d, die Genetivendung -īus und die Dativendung -ī sind Besonderheiten der Pronomina (vgl. § 11). -ce ist ein demonstratives Verstärkungssuffix: hunc, hanc < *hom-ce, *ham-ce; hoc < *hod-ce.

2) ipse < *is-pse

3) īdem < *is-dem bzw. *id-dem

2 6835

§ 25 4. Pronomina interrogativa und relativa (fragende und bezügliche Fürwörter)

Sie werden sowohl selbständig (substantivisch) als auch als Beifügung (adjektivisch) gebraucht.

substant. Interrogativum			adjektiv. Interrogativum und Relativum						
	wer? was?		*welcher, e, es? der, die, das*						
	Sing.			Sing.			Plur.		
Nom.	quis?	quid?[1])	Nom.	quī	quae	quod[1])	quī	quae	quae
Gen.	cuius?		Gen.		cuius		quōrum	quārum	quōrum
Dat.	cuī?		Dat.		cuī?			quibus	
Akk.	quem?	quid?	Akk.	quem	quam	quod	quōs	quās	quae
Abl.	ā quō[2])		Abl.	quō	quā	quō		quibus	

Also: quis dōnum mittit? — wer schickt ein Geschenk? (subst. interrogativ)

quī vir (quae femina) dōnum mittit? — welcher Mann (welche Frau) schickt ein Geschenk? (adj. interrogativ)

quid mittit? — was schickt er? (subst. interrogativ)

quod dōnum mittit? — welches Geschenk schickt er? (adj. interrogativ)

vir, quī dōnum mittit — der Mann, der ein Geschenk schickt (relativ)

Verallgemeinernde Relativpronomina sind:

1. quīcumque, quaecumque, quodcumque (adj.); Gen. cuiuscumque[2]) wer nur immer, jeder, der.
2. quisquis, quidquid (quicquid)[3]) (subst.); meist nur im Nom. oder in dem Abl. quōquō gebräuchlich.

§ 26 5. Pronomina indefinita (unbestimmte Fürwörter)

substantivisch		adjektivisch	
aliquis, aliquid	jemand, etwas	aliquī, aliqua (aliquae) aliquod	irgendein
		(Neutr. Plur. aliqua u. aliquae)	„
quis, quid	„ „	quī, qua (quae), quod	
		(Neutr. Plur. qua u. quae)	„
quisquam, quidquam (quicquam)	„ „	ūllus, a, um	„
quispiam, quidpiam	„ „	quispiam, quaepiam, quodpiam	„

---

[1]) quis und quī vom Stamm quo, qui. Gen. und Dat. Sing. urspr. quoius, quoī. Das -d von quid, quod ist alte Pronominalendung. Im Deutschen entspricht „wer, was".

[2]) Aber: quōcum, quibuscum. – Ein Abl. vom i-Stamm ist: quīcum? = mit welchem? – Ebenso: quī fit? wie kommt es? quīn (aus quī-ne) = wie (warum) nicht? – quō heißt auch „wohin" und „je". – quod u. quia (alter Akk. Plur. Neutr.) = weil; cum (aus dem alten Akk. Sg. Mask. quom) = wenn, als. – ea, quae oft = das, was.

[3]) quīcumque = quī et cum = wer und wann; -cumque bezeichnet wie die Verdoppelung in quisquis die Verallgemeinerung.

substantivisch		adjektivisch	
quīdam, quaedam, quiddam	ein gewisser (Plur.: manche)	quīdam, quaedam, quoddam	ein gewisser (Plur.: manche)
quisque, quidque	jeder	quisque, quaeque, quodque	jeder
nēmo, nihil	niemand, nichts	nūllus[2]), a, um	kein
quīvīs[1]), quaevīs, quidvīs quīlibet, quaelibet, quidlibet	jeder beliebige jeder beliebige	quīvīs, quaevīs, quodvīs quīlibet, quaelibet, quodlibet	ein beliebiger ein beliebiger

quīdam bildet den Akk. Sg. quendam, quandam, den Gen. Plur. quōrundam, quārundam.

quis, quid u. quī, qua (quae), quod stehen nach sī, nisi, nē, num oder nach einem Relativpronomen: sī quis wenn jemand; nē quī vir damit kein Mann.

quō quis est sapientior, eō modestior solet esse — je weiser einer ist, desto bescheidener pflegt er zu sein.

quisquam, quidquam u. ūllus stehen nur in negativen Sätzen:
neque quisquam und niemand; neque ūllum perīculum und keine Gefahr.
sine ūllā spē ohne jede Hoffnung; aber nōn sine aliquā spē nicht ohne eine Hoffnung.

quisque lehnt sich stets an bestimmte Wörter an:

suum cuique jedem das Seine!
optimus quisque cecidit gerade die Besten fielen
quintō quōque annō alle 4 Jahre
quod quisque sentit, dēfendat! Was jeder denkt, dafür soll er auch eintreten!

ūnusquisque, ūnumquidque jeder einzelne dekliniert beide Teile: ūnīuscuiusque usw.
nēmo (aus *ne homo kein Mensch) niemand: nūllīus, nēminī, nēminem, ā nūllō;
nihil (aus ne hilum nicht eine Faser) nichts: nūllīus reī, nūllī reī, nihil, nūllā rē.

6. Pronomina correlativa (Fürwörter der Wechselbeziehung) § 27

Demonstrativa	Interrogativa oder Relativa	verallgemeinernde Relativa	Indefinita
tālis, e so beschaffen	quālis, e wie beschaffen	quāliscumque wie immer beschaffen	–
tantus, -a, -um so groß	quantus, a, -um wie groß	quantuscumque wie groß auch immer	aliquantus ziemlich groß
tantum so viel	quantum wie viel	quantumcumque wie viel auch immer	aliquantum ziemlich viel
tot so viele	quot wie viele	quotcumque wie viele auch immer	aliquot einige

---

[1]) quīvīs < quī vīs wie du willst; quīlibet < quī libet wer dir beliebt.
[2]) nūllus < ne ūllus; neuter < ne uter (s. § 28) nicht (irgend)wer von beiden.

§ 28 **7. Pronominaladjektiva**

Nach der o/ā-Dekl., im Gen. und Dat. aber nach der pronominalen Deklination richten sich

ūnus, sōlus, tōtus, ūllus,

uter, alter, neuter, nūllus

Dativ-ī, Genetiv-īus;

alius hat alterīus

ūnus, a, um einer	uter, tra, trum wer von beiden?
sōlus, a, um allein	alter, era, erum der eine (andere) von beiden
tōtus, a, um ganz	neuter, tra, trum keiner von beiden
ūllus, a, um irgendein	nūllus, a, um kein

alius, alia, aliud ein anderer (Gen. alterīus, Dat. aliī); alius–alius der eine – der andere.

Ebenso: uterque, utraque, utrumque jeder von beiden, beide (Gen. utrīusque):
uterque cōnsul cecidit beide Konsuln fielen

§ 29 **Numeralia[1]) (Zahlwörter)**

1. **Cardinalia[1]) (Grundzahlen):** *wie viele?*

1	I[2])	ūnus, a, um	11	XI	ūndecim	28	XXVIII	duodētrigintā	101	CI	centum ūnus
2	II	duo, ae, o	12	XII	duodecim	29	XXIX	ūndētrigintā	200	CC	ducentī, ae, a
3	III	trēs, tria	13	XIII	trēdecim	30	XXX	trīgintā	300	CCC	trecentī usw.
4	IV	quattuor	14	XIV	quattuordecim	40	XL	quadrāgintā	400	CD	quadringentī
5	V[2])	quīnque	15	XV	quīndecim	50	L[2])	quīnquāgintā	500	D[2])	quīngentī
6	VI	sex	16	XVI	sēdecim	60	LX	sexāgintā	600	DC	sescentī
7	VII	septem	17	XVII	septendecim	70	LXX	septuāgintā	700	DCC	septingentī
8	VIII	octō	18	XVIII	duodēvīgintī	80	LXXX	octōgintā	800	DCCC	octingentī
9	IX	novem	19	XIX	ūndēvīgintī	90	XC	nōnāgintā	900	CM	nōngentī
10	X[2])	decem	20	XX	vīgintī	100	C[2])	centum	1000	M[2])	mīlle

2. **Ordinalia[2]) (Ordnungszahlen):** *der wievielte?*

1. prīmus[3]), a, um	11. ūndecimus	28. duodētrīcēsimus	101. centēsimus prīmus
2. secundus[3]) (alter)	12. duodecimus	29. ūndētrīcēsimus	200. ducentēsimus
3. tertius	13. tertius decimus	30. trīcēsimus	300. trecentēsimus
4. quārtus	14. quārtus decimus	40. quadrāgēsimus	400. quadringentēsimus
5. quīntus	15. quīntus decimus	50. quīnquāgēsimus	500. quīngentēsimus
6. sextus	16. sextus decimus	60. sexāgēsimus	600. sescentēsimus
7. septimus	17. septimus decimus	70. septuāgēsimus	700. septingentēsimus
8. octāvus	18. duodēvīcēsimus	80. octōgēsimus	800. octingentēsimus
9. nōnus	19. ūndēvīcēsimus	90. nōnāgēsimus	900. nōngentēsimus
10. decimus	20. vīcēsimus	100. centēsimus	1000. mīllēsimus

---

1) Von numerāre zählen, cardo Türangel, Hauptpunkt, ordo Ordnung.

2) 1–3 urspr. die einzelnen Finger, V u. X 1 bzw. 2 gespreizte Hände, C = centum, L = ½ C, M = mīlle, D = ½ M.

3) prīmus der erste (von vielen), prior der erste von zweien, secundus urspr. der folgende (v. sequī).

3. **Distributiva**[1]) (Einteilungszahlen) stehen auf die Frage: wie viele jedesmal? (singulī, ae, a je einer, bīnī, ae, a, ternī usw.)

4. **Zahladverbia** antworten auf die Frage: wie oft? (z. B. semel einmal, bis, ter, quater, quīnquiēs usw.) oder: zum wievielten Male? (z. B. prīmum zum 1. Male, iterum zum 2. Male, tertium zum 3. Male, postrēmum zum letzten Male).

5. Bei **Aufzählungen:** prīmum erstens, deīnde zweitens, tum drittens, dēnique oder postrēmō endlich.

Deklination der Grundzahlen 1–3 und mīlia

Nom.	ūnus, a, um	duo, duae, duo	trēs tria	mīlia
Gen.	ūnīus	duōrum, duārum, duōrum	trium	mīlium
Dat.	ūnī	duōbus, duābus, duōbus	tribus	mīlibus
Akk.	ūnum, am, um	duōs, duās, duo	trēs tria	mīlia
Abl.	ūnō, ā, ō	duōbus, duābus, duōbus	tribus	mīlibus

Zum Gebrauch der Zahlwörter

1. Bei Zahlen über 100 steht die größere unverbunden vor der kleineren: ducenta vīgintī duo artificia 222 Kunstwerke.

   Die Grundzahlen 4–100 und mīlle werden nicht dekliniert; die Zahlen 1–3, 200–900 und alle Ordnungs- und Einteilungszahlen werden wie Adjektive dekliniert.

   Dagegen wird mīlia „Die Tausender" substantivisch gebraucht und dekliniert und hat, wenn kein kleineres Zahlwort folgt, den gen. part. nach sich:

Nom.	mīlle virī	tria mīlia virōrum	tria mīlia ūnus virī
Abl.	cum mīlle virīs	cum tribus mīlibus virōrum	cum tribus mīlibus ūnō virīs

2. Bei *Zeitbestimmungen* stehen abweichend vom Deutschen die Ordnungszahlen:

hōrā decimā (wann?)	in der 10. Stunde (von Sonnenaufgang ab, d. h. etwa 4 Uhr nachm.)
annō a.u.c. (= ab urbe conditā) IM	i. J. 999 seit der Gründung Roms (= 245 n. Chr.)
annō p. Chr. n. (= post Christum nātum) mīllēsimō octingentēsimō ūndēquīnquāgēsimō	i. J. 1849 n. Chr.[2])

Merke: bīduum 2 Tage, trīduum 3 Tage; biennium 2 Jahre, triennium 3 Jahre;
ūnum diem einen Tag lang (*wie lange?*).
duōbus mēnsibus in (innerhalb von) 2 Monaten (*innerhalb welcher Zeit?*).

---

[1]) Von distribuere verteilen.
[2]) Sprich: nach Christ*us*, nach Christ*o* oder nach Christ*i* *Geburt*.

Das Verbum

§ 30 Vorbemerkung

1. Nach dem Auslaut des Präsensstammes unterscheidet man **4 Konjugationen:** drei mit langem, vokalischem Auslaut (die ā- oder die I. Konjugation, z. B. laudā-, die ē- oder die II. Konjugation, z. B. monē- und die ī- oder die IV. Konjugation, z. B. audī-) und eine mit konsonantischem bzw. halbkonsonantischem Auslaut (die konsonantische bzw. halbkonsonantische oder die III. Konjugation, z. B. Stamm mitt-, capi-, minu-, solv-).

2. Sämtliche Formen eines lateinischen Verbums lassen sich von **3 Stämmen** ableiten. Es werden gebildet

a) vom **Präsensstamm:** Präsens, Imperfekt, Futur I, Imperativ; Infinitiv und Partizip des Präsens; Gerundium und Gerundivum;

b) vom **Perfektstamm:** das aktive Perfekt, Plusquamperfekt, Futur II und der Infinitiv des Perfekts;

c) vom **Supinstamm:** das passive Perfekt, Plusquamperfekt, Futur II sowie der Infinitiv und das Partizip des Perfekts, ferner der aktive Infinitiv und das Partizip des Futurs und das Supinum.

Deshalb lernen wir von jedem Verbum folgende „Stammformen" (sog. ā verbō): Inf.[1]), 1. Pers. Ind. Präs. Akt., 1. Pers. Ind. Perf. Akt. und Supinum, z. B.:

laudāre	laud-ō[2])	laudāv-ī	laudāt-um	loben
monē-re	mone-ō[2])	monu-ī	monit-um	ermahnen
audī-re	audi-ō[2])	audīv-ī	audīt-um	hören
mitt-e-re	mitt-ō	mīs-ī	miss-um	schicken
minu-e-re	minu-ō	minu-ī	minūt-um	vermindern
solv-e-re	solv-ō	solv-ī	solūt-um	lösen
cape-re	capi-ō	cēp-ī	capt-um	nehmen

a) Bei den **Präsensstämmen** unterscheiden wir

I. Stämme mit langem, vokalischem Auslaut -ā, -ē, -ī: laudā-re, monē-re, audī-re;

II. Stämme mit konsonantischem und halbkonsonantischem Auslaut

a) ohne Erweiterung der Wurzel: mitt-e-re, minu-e-re, solv-e-re, cape-re;

b) mit Erweiterung der Wurzel

1. durch Nasale: ru-m-p-e-re, vi-n-c-e-re, sper-n-e-re, si-n-e-re (vgl. bri-n-ge, brach-te);

---

[1]) Inf. und Ind. Präs. sind nötig, um die Konjugationszugehörigkeit eines Verbs zu erkennen bei ähnlich aussehendem Wortausgang (monēre 2. – mittere 3., laudō 1. – mittō 3., capiō 3. – audiō 4.).
Zwischen Stamm und Endung stehen oft die *„thematischen" Zwischenvokale* **i** (aus urspr. **e**, das vor r erhalten ist) und **u** (aus urspr. o), z. B. mitt-i-t, mitt-u-nt, mitt-e-re. Auch das i der halbkonsonantischen Stämme erscheint vor r als e: capi-, cape-re, cape-ris.

[2]) Vor der Präsensendung -ō und -or wird auslautendes langes **ē** und **ī** gekürzt, **ā** mit **ō** verschmolzen, vgl. § 4.

2. durch sc: crē-sc-e-re, nō-sc-e-re (sie bedeuten ein Beginnen oder Werden);
3. durch Reduplikation (= Vorsilbe aus 1. Konsonant + i) vor der Schwundstufe: gī-gn-e-re, si-st-e-re;
4. durch d oder t (selten): flec-t-e-re.

b) Bei den **Perfektstämmen** unterscheiden wir:

1. Perfekta mit **Reduplikation** (oft mit geschwächtem Stammvokal):
pe-pend-ī, ce-cid-ī, pe-pul-ī, pe-perc-ī zu pendere, cadere, pellere, parcere.
In den Komposita geht die Reduplikation meist verloren:
suspend-ī, occid-ī, appul-ī, concurr-ī, contend-ī; reppulī von repellere oder repperī von reperīre zeigen, wie infolge der altröm. Anfangsbetonung oft nur ein Rest der Verdoppelung erhalten blieb.
2. Perfekta mit **Ablaut:**
ēg-ī, cēp-ī, lēg-ī, vīc-ī, vēn-ī zu agere, capere, legere, vincere, venīre.
3. Perfekta auf **-s-ī** (k-Laut + s ergibt x, t-Laut vor s wird zu s und fällt aus):
dīx-ī, rī-s-ī, clau-s-ī zu dīcere, rīdēre, claudere.
Mit Dehnung des Stammvokals: mān-s-ī, rēx-i, mī-s-ī zu manēre, regere, mittere.
4. Perfekta auf **-v-ī** und **-u-ī:**
laudā-v-ī, dēlē-v-ī, audī-v-ī; vet-u-ī, mon-u-ī, col-u-ī zu
laudāre, dēlēre, audīre, vetāre, monēre, colere
mit Ablaut: sī-v-ī, crē-v-ī zu sinere und cernere
mit i-Erweiterung: pet-ī-v-ī, quaes-ī-v-ī zu petere und quaerere.
5. Perfekta **ohne Veränderung** des Präsensstammes:
vert-ī, minu-ī, solv-ī zu vertere, minuere, solvere.

c) Bei den **Supinstämmen** tritt **-tu(m)** an die Wurzel, bei t-Stämmen und analog dazu gelegentlich auch bei anderen **-su(m)**[1]); hierbei kann der Wurzelvokal auch verkürzt oder verlängert werden:

cap-tum zu capere;	veti-tum zu vetāre;	moni-tum zu monēre; dic-tum zu dīcere,
āc-tum zu agere;	doc-tum zu docēre (mit ausgefallenem i);	vī-sum zu vidēre;
ses-sum zu sedēre,	mis-sum zu mittere.	

Analog dazu: cur-sum zu currere, pul-sum zu pellere.

Bildung der Infinitive, der Partizipien und des Gerundivums

1. Der Inf. Präs. Akt.	hat das Suffix- **-se** (durch Rhotazismus meist -re): es-se, laudā-re;
der Inf. Fut. Akt.	besteht aus dem Part. Fut. Akt. + esse: laudātūrum, am, um esse;
der Inf. Perf. Akt.	hat das Suffix **-is-se:** fu-is-se, laudāv-is-se;
der Inf. Präs. Pass.	hat das Suffix **-ī** oder **-rī:** mitt-ī, laudā-rī;
der Inf. Fut. Pass.	besteht aus dem Supinum I + Inf. Pass. von īre gehen: laudātum īrī;
der Inf. Perf. Pass.	besteht aus dem Part. Perf. Pass. + esse: laudātum, am, um esse;

[1]) t-Laut + t ergibt ss und nach langem Vokal s: *sed-tum > sessum; *rīd-tum > rīsum.

2. Das Part. Präs. Akt. hat das Suffix **-nt-** (im Nom. Sing. **-ns** aus *nt-s): laudāns, laudantis;

das Part. Perf. Pass. hat das Suffix **-to-**: laudā-tus (oft in **-so-** verwandelt: mis-sus);

das Part. Fut. Akt. hat das Suffix **-tūro-**: laudā-tūrus (oft in **-sūro-** verwandelt: missūrus).

3. Das Gerundivum hat das Suffix **-ndo-**: lauda-ndus.

Bildung der Tempora und Modi

	Indikativ		Konjunktiv	
	ā-, ē-Konj.	kons. u. ī-Konj.	ā-Konj.	ē-, ī-, kons. Konj.
Präs. Akt. u. Pass.	—	—	-ē-[1])	-ā-[1])
Impf. „ „ „	-bā-	-ē-bā-	-rē- (aus -sē-)	
Fut. I „ „ „	-b-	-ē- (1. Sing. -a-)[1])	—	
Perf. Aktiv.	-i (-s-) (3. Plur. -ēr-)		-er-i-[1]) (aus *-is-i-)	
Plqpf. „	-er-ā- (aus *-es-ā-)		-is-sē-	
Fut. II „	-er- (aus *-is-)		—	

Die Suffixe treten unmittelbar an den Stamm.

Die Perfekt-Passiv-Gruppe wird durch Umschreibung (Part. Perf. Pass. + esse) gebildet: laudātus sum.

Die Bezeichnung der Personen und Numeri

	Allgemeine Endungen		Imperativ			Indikativ Perf. Akt.
	Aktiv	Passiv	Präs. Akt.	Fut. Akt.	Pass.	
Sing. 1. Pers.	-ō, -m	-or, -r	—	—	—	-ī
„ 2. „	-s	-ris	(-e)	-tō	-re	-istī
„ 3. „	-t	-tur	—	-tō	—	-it
Plur. 1. „	-mus	-mur	—	—	—	-imus
„ 2. „	-tis	-minī	-te	-tōte	-minī	-istis
„ 3. „	-nt	-ntur	—	-ntō	—	-ērunt

Diese Endungen treten entweder unmittelbar an die Stämme oder hinter die Tempus- und Modussuffixe (zwischen zusammentreffende Konsonanten treten hierbei die „thematischen" Zwischenvokale e, i, u; vgl. § 30 Anm. 1).

---

[1]) Das Fut. I der 3. u. 4. Konj. erwuchs aus dem Konj. Präs., das Fut. II aller Konjugationen aus dem Konj. Perf.
Beim Konj. Präs. ist das -ā- ein altes Möglichkeitszeichen, das -ē- der ā-Konjugation und das -i- des Konj. Perf. entstammt einem alten Optativ (Wunschmodus).

Jede Verbform besteht also aus Wurzel, Konjugationszeichen, Tempus- und Moduszeichen und Endung. Die beiden ersten ergeben den Stamm, die beiden letzten den Ausgang:

Wurzel	Konjugations-zeichen	Tempus- u. Moduszeichen	themat. Zwischenvokal	Endung
laud- aud-	-ā- -ī-	-b- (für Fut. Ind.) -v- -ēr- (für Perf. Ind.)	-e- -u-	-ris -nt

Langer Stammvokal wird in der Schlußsilbe vor Konsonant außer vor s gekürzt (vgl. § 4): laudās, laudat, laudant, laudantis (laudāns, weil -ns- voraufgehenden Vokal längt).

laudō und laudor aus *lauda-ō, *lauda-or; laudem und lauder aus *lauda-e-m, *lauda-e-r.

Besonderheiten § 31

1. Bei den vom Perfekt auf -āvī abgeleiteten Formen wird -vi- vor s sowie -vē- vor r oft ausgestoßen: laudāstī = laudāvistī, laudāsse(m) = laudāvisse(-m), laudārunt = laudāvērunt.

2. Bei den vom Perfekt auf -īvī abgeleiteten Formen kann das v ausgestoßen werden; -ii- wird dann vor s meist zu -ī-: audīerunt = audīvērunt, audīstī = audīvistī, audīsse(-m) = audīvisse(-m).
   Tū nē quaesieris! frage nicht!
   Analoge Doppelformen bei einigen Perfekta auf -ēvī und -ōvī: cōnsuēram = cōnsuēveram, cōnsuēssem = cōnsuēvissem, nōrim = nōverim.

3. Im Ind. Perf. Akt. endet die 3. Pers. Plur. auch auf -ēre statt -ērunt: monuēre = monuērunt.

4. Im Passiv und bei den Deponentien endet die 2. Pers. Sing. auch auf -re statt -ris: mittāre = mittāris, audiēbāre = audiēbāris, abūtēre = abūtēris.

5. Das Gerundivum der 3. und 4. Konjugation endet bisweilen auf -undus statt -endus: decemvirī lēgibus scrībundīs Zehnerrat für die Aufzeichnung von Gesetzen.

6. Merke die einsilbigen Imperative (ohne Endungs-e): **dīc, dūc, fac, fer!**
   Die Komposita von faciō, welche -ficiō bilden, haben den regelm. Imp.: perfice!

7. Eine voraussichtlich bald eintretende Handlung wird durch die coniugātiō periphrastica (Part. Fut. Akt. + esse) wiedergegeben: monitūrus sum ich bin im Begriff zu ermahnen.

8. Der Imp. auf -tō (du sollst), -tō (er soll), -tōte (ihr sollt) und -ntō (sie sollen) findet sich nur in Sprichwörtern oder Gesetzen:

mementō morī!	du sollst an den Tod denken!
mortuum in urbe nē sepelītō!	einen Toten soll man in der Stadt nicht begraben!

Aktiv	Ind. Präs.	Ind. Imperf.	Fut. I	Konj. Präs.[1]	Konj. Imperf.[1]	Imp.[2]
Präs.-Stamm	*ich lobe*	*ich lobte*	*ich werde loben*	*ich möge loben*	*ich würde loben*	*lobe!*
ā- (I.) Konj.	laud-ō	laudā-ba-m	laudā-b-ō	laud-e-m	laudā-re-m	
loben	laudā-s	laudā-bā-s	laudā-b-i-s	laud-ē-s	laudā-rē-s	laudā
	lauda-t	laudā-ba-t	laudā-b-i-t	laud-e-t	laudā-re-t	
	laudā-mus	laudā-bā-mus	laudā-b-i-mus	laud-ē-mus	laudā-rē-mus	
	laudā-tis	laudā-bā-tis	laudā-b-i-tis	laud-ē-tis	laudā-rē-tis	laudā-te
	lauda-nt	laudā-ba-nt	laudā-b-u-nt	laud-e-nt	laudā-re-nt	
ē- (II.) Konj.	mone-ō	monē-ba-m	monē-b-ō	mone-a-m	monē-re-m	
ermahnen	monē-s	monē-bā-s	monē-b-i-s	mone-ā-s	monē-rē-s	monē
	mone-t	monē-ba-t	monē-b-i-t	mone-a-t	monē-re-t	
	monē-mus	monē-bā-mus	monē-b-i-mus	mone-ā-mus	monē-rē-mus	
	monē-tis	monē-bā-tis	monē-b-i-tis	mone-ā-tis	monē-rē-tis	monē-te
	mone-nt	monē-ba-nt	monē-b-u-nt	mone-a-nt	monē-re-nt	
konson.	mitt-ō	mitt-ē-ba-m	mitt-a-m	mitt-a-m	mitt-e-re-m	
(III.) Konj.	mitt-i-s	mitt-ē-bā-s	mitt-ē-s	mitt-ā-s	mitt-e-rē-s	mitt-e
schicken	mitt-i-t	mitt-ē-ba-t	mitt-e-t	mitt-a-t	mitt-e-re-t	
	mitt-i-mus	mitt-ē-bā-mus	mitt-ē-mus	mitt-ā-mus	mitt-e-rē-mus	
	mitt-i-tis	mitt-ē-bā-tis	mitt-ē-tis	mitt-ā-tis	mitt-e-rē-tis	mitt-i-te
	mitt-u-nt	mitt-ē-ba-nt	mitt-e-nt	mitt-a-nt	mitt-e-re-nt	
halbkons.	capi-ō	capi-ē-ba-m	capi-a-m	capi-a-m	cape-re-m	
(III.) Konj.	capi-s	capi-ē-bā-s	capi-ē-s	capi-ā-s	cape-rē-s	cape
nehmen	capi-t	capi-ē-ba-t	capi-e-t	capi-a-t	cape-re-t	
	capi-mus	capi-ē-bā-mus	capi-ē-mus	capi-ā-mus	cape-rē-mus	
	capi-tis	capi-ē-bā-tis	capi-ē-tis	capi-ā-tis	cape-rē-tis	capi-te
	capi-u-nt	capi-ē-ba-nt	capi-e-nt	capi-a-nt	cape-re-nt	
ī- (IV.) Konj.	audi-ō	audi-ē-ba-m	audi-a-m	audi-a-m	audī-re-m	
hören	audī-s	audi-ē-bā-s	audi-ē-s	audi-ā-s	audī-rē-s	audī
	audi-t	audi-ē-ba-t	audi-e-t	audi-a-t	audī-re-t	
	audī-mus	audi-ē-bā-mus	audi-ē-mus	audi-ā-mus	audī-rē-mus	
	audī-tis	audi-ē-bā-tis	audi-ē-tis	audi-ā-tis	audī-rē-tis	audī-te
	audi-u-nt	audi-ē-ba-nt	audi-e-nt	audi-a-nt	audī-re-nt	

Aktiv	Ind. Perf.	Ind. Plusqpf.	Fut. II	Konj. Perf.[1]	Konj. Plusqpf.[1]
Perf.-Stamm	*ich habe gelobt ich lobte*	*ich hatte gelobt*	*ich werde gelobt haben*	*ich möge gelobt haben*	*ich würde gelobt haben, hätte gelobt*
laudāv }	-ī	-er-a-m	-er-ō	-er-i-m	-is-se-m
monu }	-istī	-er-ā-s	-er-i-s	-er-i-s	-is-sē-s
mīs }	-it	-er-a-t	-er-i-t	-er-i-t	-is-se-t
cēp }	-imus	-er-ā-mus	-er-i-mus	-er-i-mus	-is-sē-mus
audīv }	-istis	-er-ā-tis	-er-i-tis	-er-i-tis	-is-sē-tis
	-ērunt	-er-a-nt	-er-i-nt	-er-i-nt	-is-se-nt

[1]) In abh. Sätzen werden diese Formen vielfach durch deutsche Formen im Ind. wiedergegeben

nitum

Passiv	Ind. Präs.	Ind. Imperf.	Fut. I	Konj. Präs.[1])	Konj. Imperf.[1])	Imp.[2])
Präs.-Stamm	*ich werde gelobt*	*ich wurde gelobt*	*ich werde gelobt werden*	*ich möge gelobt werden*	*ich würde gelobt werden*	*werde gelobt!*
ā- (I.) Konj.	laud-or laudā-ris laudā-tur laudā-mur laudā-minī lauda-ntur	laudā-ba-r laudā-bā-ris laudā-bā-tur laudā-bā-mur laudā-bā-minī laudā-ba-ntur	laudā-b-or laudā-b-e-ris laudā-b-i-tur laudā-b-i-mur laudā-b-i-minī laudā-b-u-ntur	laud-e-r laud-ē-ris laud-ē-tur laud-ē-mur laud-ē-minī laud-e-ntur	laudā-re-r laudā-rē-ris laudā-rē-tur laudā-rē-mur laudā-rē-minī laudā-re-ntur	laudā-re laudā-minī
ē- (II.) Konj.	mone-or monē-ris monē-tur monē-mur monē-minī mone-ntur	monē-ba-r monē-bā-ris monē-bā-tur monē-bā-mur monē-bā-minī monē-ba-ntur	monē-b-or monē-b-e-ris monē-b-i-tur monē-b-i-mur monē-b-i-minī monē-b-u-ntur	mone-a-r mone-ā-ris mone-ā-tur mone-ā-mur mone-ā-minī mone-a-ntur	monē-re-r monē-rē-ris monē-rē-tur monē-rē-mur monē-rē-minī monē-re-ntur	monē-re monē-minī
konson. (III.) Konj.	mitt-or mitt-e-ris mitt-i-tur mitt-i-mur mitt-i-minī mitt-u-ntur	mitt-ē-ba-r mitt-ē-bā-ris mitt-ē-bā-tur mitt-ē-bā-mur mitt-ē-bā-minī mitt-ē-ba-ntur	mitt-a-r mitt-ē-ris mitt-ē-tur mitt-ē-mur mitt-ē-minī mitt-e-ntur	mitt-a-r mitt-ā-ris mitt-ā-tur mitt-ā-mur mitt-ā-minī mitt-a-ntur	mitt-e-re-r mitt-e-rē-ris mitt-e-rē-tur mitt-e-rē-mur mitt-e-rē-minī mitt-e-re-ntur	mitt-e-re mitt-i-minī
halbkons. (III.) Konj.	capi-or cape-ris capi-tur capi-mur capi-minī capi-u-ntur	capi-ē-ba-r capi-ē-bā-ris capi-ē-bā-tur capi-ē-bā-mur capi-ē-bā-minī capi-ē-ba-ntur	capi-a-r capi-ē-ris capi-ē-tur capi-ē-mur capi-ē-minī capi-e-ntur	capi-a-r capi-ā-ris capi-ā-tur capi-ā-mur capi-ā-minī capi-a-ntur	cape-re-r cape-rē-ris cape-rē-tur cape-rē-mur cape-rē-minī cape-re-ntur	cape-re capi-minī
ī- (IV.) Konj.	audi-or audī-ris audī-tur audī-mur audī-minī audi-u-ntur	audi-ē-ba-r audi-ē-bā-ris audi-ē-bā-tur audi-ē-bā-mur audi-ē-bā-minī audi-ē-ba-ntur	audi-a-r audi-ē-ris audi-ē-tur audi-ē-mur audi-ē-minī audi-e-ntur	audi-a-r audi-ā-ris audi-ā-tur audi-ā-mur audi-ā-minī audi-a-ntur	audī-re-r audī-rē-ris audī-rē-tur audī-rē-mur audī-rē-minī audī-re-ntur	audī-re audī-minī

Passiv		Ind. Perf.	Ind. Plusqpf.	Fut. II	Konj. Perf.[1])	Konj. Plusqpf.[1])
Perf.-Stamm		*ich bin gelobt worden, wurde gelobt*	*ich war gelobt worden*	*ich werde gelobt worden sein*	*ich sei gelobt worden*	*ich wäre gelobt worden*
laudāt- monit- miss- capt- audīt-	us, a, um ī, ae, a	s-u-m es es-t s-u-mus es-tis s-unt	er-a-m er-ā-s er-a-t er-ā-mus er-ā-tis er-a-nt	er-ō er-i-s er-i-t er-i-mus er-i-tis er-u-nt	si-m sī-s si-t sī-mus sī-tis si-nt	es-se-m es-sē-s es-se-t es-sē-mus es-sē-tis es-se-nt

Weitere Formen des Imp. siehe S. 32 („Die Bezeichnung der Personen und Numeri"), sowie § 31.8

II. Verbum infinitum

1. Die Partizipien						2. Das Supinum I
Präs. Akt.	Perf. Akt.	Fut. Akt.	Präs. Pass.	Perf. Pass.	Fut. Pass.	
lobend; einer, der lobt	*einer, der gelobt hat*	*einer, der loben wird*	*einer, der gelobt wird*	*gelobt; einer, der gelobt ist (war)*	*einer, der gelobt werden wird*	*um zu loben*
laudā-ns monē-ns mitt-ē-ns capi-ē-ns audi-ē-ns	*fehlt*	laudāt-ūr-us[1]) monit-ūr-us miss-ūr-us capt-ūr-us audīt-ūr-us	*fehlt*	laudāt-us[1]) monit-us miss-us capt-us audīt-us	*fehlt*	laudāt-um[2]) monit-um miss-um capt-um audīt-um

3. Die Infinitive					
Präs. Akt.	Perf. Akt.	Fut. Akt.	Präs. Pass.	Perf. Pass.	Fut. Pass.
loben	*gelobt haben*	*loben werden*	*gelobt werden*	*gelobt worden sein*	*werden gelobt werden*
laudā-re monē-re mitt-e-re cape-re audī-re	laudāv-isse monu-isse mīs-isse cēp-isse audīv-isse	laudāt-ūr-um[1]) esse monit-ūr-um esse miss-ūr-um esse capt-ūr-um esse audīt-ūr-um esse	laudā-rī monē-rī mitt-ī cap-ī audī-rī	laudāt-um[1]) esse monit-um esse miss-um esse capt-um esse audīt-um esse	laudāt-um[2]) īrī monit-um īrī miss-um īrī capt-um īrī audīt-um īrī

4. Das Gerundium					5. Das Gerundivum
(Nom. u. Akk.)	Genetiv	Dativ	Akk. mit ad	Ablativ	
(das Loben)	*des Lobens*	*dem Loben*	*zum Loben*	*durch Loben*	*einer, der gelobt werden muß*
(laudāre) (monēre) (mittere) (capere) (audīre)	lauda-nd-ī mone-nd-ī mitt-e-nd-ī capi-e-nd-ī audi-e-nd-ī	lauda-nd-ō mone-nd-ō mitt-e-nd-ō capi-e-nd-ō audi-e-nd-ō	ad lauda-nd-um ad mone-nd-um ad mitt-e-nd-um ad capi-e-nd-um ad audi-e-nd-um	lauda-nd-ō mone-nd-ō mitt-e-nd-ō capi-e-nd-ō audi-e-nd-ō	lauda-nd-us[1]) mone-nd-us mitt-e-nd-us capi-e-nd-us audi-e-nd-us

[1]) -us, -a, -um bzw. -um, -am, -um
[2]) unveränderlich (urspr. Akk. des Ziels).

Zusatz

§ 33

Ein *Supinum II* auf -ū (urspr. Dativ des Zweckes) findet sich nur bei einigen Verben nach einem Adjektiv, z. B. difficile dictū schwer zu sagen, mīrum audītū wunderbar zu hören.

Zur Übersetzung des Konjunktivs: ut laudet damit er lobt (lobe), ut laudētur damit er gelobt wird (werde); laudēmus laßt uns loben, wir wollen loben; laudent (laudentur) sie sollen loben (gelobt werden); ut caperem damit ich nähme. Wenn der deutsche Konjunktiv dem Indikativ gleicht, umschreibt man ihn mit „würde": laudārem ich würde loben.

Deponentia

§ 34

Verba deponentia[1]) heißen Verben, die passivische Formen, aber aktivische, oft auch intransitive oder reflexive Bedeutung haben:

hortārī hortor hortātus sum ermahnen
mīrārī mīror mirātus sum staunen, sich wundern.

Semideponentia[2]) sind entweder nur im Perfekt- oder nur im Präsensstamm passivisch:

gaudēre	gaudeō	gavīsus sum	sich freuen
revertī	revertor	revertī	zurückkehren.

a) *Aktivische* Formen werden verwandt im:

1. Part. Präs.:	hortāns	ermahnend
2. Part. Fut.:	hortātūrus, -a, -um	einer, der ermahnen wird
3. Inf. Fut.:	hortātūrum, -am, -um esse	ermahnen werden
4. Gerundium:	hortandī	des Ermahnens
5. Supinum I:	hortātum	um zu ermahnen.

b) *Passivische* Bedeutung hat das Gerundivum[3]):
hortandus, -a, -um — einer, der ermahnt werden muß.

c) Nur Deponentia und einige Semideponentia haben ein Part. Perf. mit *aktivischer* Bedeutung:
hortātus — einer, der ermahnt hat
gavīsus — einer, der sich gefreut hat.

d) Im Passiv müssen statt der Deponentia andere Verben als Ersatz dienen, z. B. admonēri für hortārī ermahnen, timērī oder timōrī esse (vgl. § 69) für verērī fürchten, ūsuī esse für ūtī gebrauchen, tolerārī oder ferrī für patī leiden, dīvidī für partīrī teilen.

---

[1]) Von dēpōnere ablegen. Das Verbum hat sozusagen die passivische Bedeutung „abgelegt". Es steckt in den Deponentien ein sonst im Lateinischen verschwundenes Genus verbī, das Medium, welches eine auf das Subjekt gerichtete, also in der Mitte zwischen Aktiv und Passiv liegende Handlung bezeichnet: dēlector heißt sowohl „ich werde erfreut" als auch „ich freue mich". Später traten durch Analogiebildung auch transitive Verben mit nur aktiver Bedeutung in passiver Form auf, z. B. hortārī ermahnen.

[2]) sēmi = halb.

[3]) und das Part. Perf. einiger Deponentia (vgl. § 98).

Übersicht

Ind. Präs.	Ind. Impf.	Fut. I	Konj. Präs.[1]	Konj. Impf.[1]	Imp. Präs.
ich ermahne	*ich ermahnte*	*ich werde ermahnen*	*ich möge ermahnen*	*ich würde ermahnen*	*ermahne! (ermahnt!)*
hort-or vere-or ūt-or pati-or parti-or	hortā-ba-r verē-ba-r ūt-ē-ba-r pati-ē-ba-r parti-ē-ba-r	hortā-b-or verē-b-or ūt-a-r pati-a-r parti-a-r	hort-e-r vere-a-r ūt-a-r pati-a-r parti-a-r	hortā-re-r verē-re-r ūt-e-re-r pate-re-r partī-re-r	hortā-re (minī) verē-re (minī) ūt-ere (iminī) pat-ere (iminī) partī-re (minī)

Ind. Perf.	Ind. Plusqpf.	Fut. II	Konj. Perf.[1]	Konj. Plusqpf.[1]
ich habe ermahnt	*ich hatte ermahnt*	*ich werde ermahnt haben*	*ich möge ermahnt haben*	*ich würde ermahnt haben*
hortāt-us sum verit-us sum ūs-us sum pass-us sum partīt-us sum	hortāt-us eram verit-us eram ūs-us eram pass-us eram partīt-us eram	hortāt-us erō verit-us erō ūs-us erō pass-us erō partīt-us erō	hortāt-us sim verit-us sim ūs-us sim pass-us sim partīt-us sim	hortāt-us essem verit-us essem ūs-us essem pass-us essem partīt-us essem

Inf. Präs.	Inf. Perf.	Inf. Fut.	Part. Präs.	Part. Perf.	Part. Fut.
ermahnen	*ermahnt haben*	*ermahnen werden*	*ermahnend*	*einer, der ermahnt hat*	*einer, der ermahnen wird*
hortā-rī verē-rī ūt-ī pat-ī partī-rī	hortāt-um esse verit-um esse ūs-um esse pass-um esse partīt-um esse	hortāt-ūr-um esse verit-ūr-um esse ūs-ūr-um esse pass-ūr-um esse partīt-ūr-um esse	hortā-ns verē-ns ūt-ē-ns pati-ē-ns parti-ē-ns	hortāt-us verit-us ūs-us pass-us partīt-us	hortāt-ūr-us verit-ūr-us ūs-ūr-us pass-ūr-us partīt-ūr-us

Gerundium	Gerundivum	Supinum I	Supinum II
des Ermahnens	*einer, der ermahnt werden muß*	*um zu ermahnen*	*zu ermahnen*
horta-nd-ī vere-nd-ī ūt-e-nd-ī pati-e-nd-ī parti-e-nd-ī	horta-nd-us vere-nd-us ūt-e-nd-us pati-e-nd-us parti-e-nd-us	hortāt-um verit-um ūs-um pass-um partīt-um	hortāt-ū verit-ū ūs-ū pass-ū partīt-ū

[1]) In abh. Sätzen werden diese Formen vielfach durch deutsche Formen im Ind. wiedergegeben.

[2]) Vom *vollständigen Präsensstamm* es- werden gebildet: Ind. Präs. es (aus *es-s), es-t, es-tis (ohne Zwischenvokale), Ind. Imperf. eram (aus *es-am), Fut. I erō (aus *es-ō), Konj. Imperf. es-sem, Inf. Präs. es-se (mit urspr. Infinitivsuffix -se) und die Imper. es, es-te usw. – Von

Verba anōmala (Verben mit ungewöhnlicher Formbildung) § 35

1. Das Hilfsverb **esse (sum, fuī)** sein[2])

Ind. Präs.	Ind. Imperf.	Fut. I	Konj. Präs.	Konj. Imperf.	Imp.	
ich bin	*ich war*	*ich werde sein*	*ich sei,*[1]) *möge sein*	*ich wäre,*[1]) *würde sein*		
s-u-m	er-a-m	er-ō	s-i-m	es-se-m		
es	er-ā-s	er-i-s	s-ī-s	es-sē-s	es!	*sei!*
es-t	er-a-t	er-i-t	s-i-t	es-se-t	es-tō!	*du sollst sein!*
s-u-mus	er-ā-mus	er-i-mus	s-ī-mus	es-sē-mus	es-tō!	*er soll sein!*
es-tis	er-ā-tis	er-i-tis	s-ī-tis	es-sē-tis	es-te!	*seid!*
s-u-nt	er-a-nt	er-u-nt	s-i-nt	es-se-nt	es-tōte!	*ihr sollt sein!*
					s-u-ntō!	*sie sollen sein!*

Ind. Perf.	Ind. Plusqpf.	Fut. II	Konj. Perf.	Konj. Plusqpf.	Partizip Fut.
ich bin gewesen	*ich war gewesen*	*ich werde gewesen sein*	*ich sei gew.,*[1]) *möge. gew. sein*	*ich wäre gew.,*[1]) *würde gew. sein*	*einer, der sein wird*
fu-ī	fu-er-a-m	fu-er-ō	fu-eri-m	fu-is-se-m	fu-tūr-us, -a, -um
fu-istī	fu-er-ā-s	fu-eri-s	fu-eri-s	fu-is-sē-s	**Infinitive**
fu-it	fu-er-a-t	fu-eri-t	fu-eri-t	fu-is-se-t	
fu-imus	fu-er-ā-mus	fu-eri-mus	fu-eri-mus	fu-is-sē-mus	Präs. es-se *sein*
fu-istis	fu-er-ā-tis	fu-eri-tis	fu-eri-tis	fu-is-sē-tis	Perf. fu-is-se *gewesen sein*
fu-ērunt	fu-er-a-nt	fu-eri-nt	fu-eri-nt	fu-is-se-nt	Fut. fu-tūr-um, -am, -um esse *sein werden*

Bei **prōdesse, prōsum, prōfuī** nützen erscheint vor e die Präposition prō in der alten Form prōd.

Also: prōd-est, prōd-erat, prōd-erit, prōd-esset usw., aber prō-sunt, prō-sint, prō-fuērunt usw.

Bei **posse, possum, potuī** können ist die Vorsilbe pot- ein verkürztes Adjektiv potis, e mächtig. Folgendem s wird das t angeglichen:

Also: pos-sum, pot-es, pot-est, pos-sumus, pot-estis, pos-sunt.

Ebenso pot-eram, pot-erō, pos-sim, pos-sem[3]), pot-uī[3]). Der Inf. zeigt die Endung -se ohne Rhotazismus.

---

der *Schwundstufe* s- werden gebildet: Ind. Präs. s-u-m, s-u-mus, s-u-nt, Konj. Präs. s-i-m usw. (alter Optativ) und der Imper. s-u-ntō. Das -u- ist ein Zwischenvokal. – Der *Perfektstamm* heißt fu-. Das Bildungselement -is- wird vor Vokal zu -er-. Neben futūrum, -am, -um esse gibt es die Form fore (aus *fu-se), neben essem auch forem (aus *fu-sem). – Ein Part. Präs. gibt es nur bei 3 Komposita: absēns, entis abwesend, praesēns, entis anwesend, potēns, entis mächtig.

[3]) possem ist analog posse gebildet, potuī geht auf ein altes Verbum potēre mächtig sein zurück.

2. **velle, volō, voluī** wollen
nōlle, nōlō, nōluī nicht wollen
mālle, mālō, māluī lieber wollen

3. **ferre, ferō, tulī, lātum** tragen
4. **īre, eō, iī, itum** gehen
5. **fierī, fīō, factus sum** werden, entstehen, geschehen, sich ereignen; gemacht werden.

	ich will	*ich will nicht*	*ich will lieber*	*ich trage*	*ich werde getragen*	*ich gehe*	*ich werde*
Ind. Präs.	vol-ō[1] vī-s vul-t vol-u-mus vul-tis vol-u-nt	nōl-ō[2] nōn vī-s nōn vul-t nōl-u-mus nōn vul-tis nōl-u-nt	mā-l-ō[2] mā-vī-s mā-vul-t mā-l-u-mus mā-vul-tis mā-l-u-nt	fer-ō[3] fer-s fer-t fer-i-mus fer-tis fer-u-nt	fer-or fer-ris fer-tur fer-i-mur fer-i-minī fer-u-ntur	e-ō[4] ī-s i-t ī-mus ī-tis e-u-nt	fī-ō[5] fī-s fi-t fī-mus fī-tis fī-u-nt
Ind. Impf.	vol-ē-ba-m vol-ē-bās	nōl-ē-bam nōl-ē-bās	māl-ē-ba-m māl-ē-bā-s	fer-ē-ba-m fer-ē-bā-s	fer-ē-ba-r fer-ē-bā-ris	ī-ba-m ī-bā-s	fī-ē-ba-m fī-ē-bā-s
Fut. I	vol-a-m vol-ē-s	nōl-a-m nōl-ē-s	māl-a-m māl-ē-s	fer-a-m fer-ē-s	fer-a-r fer-ē-ris	ī-b-ō ī-b-is	fī-a-m fī-ē-s
Konj. Präs.	vel-i-m vel-ī-s	nōl-i-m nōl-ī-s	māl-i-m māl-ī-s	fer-a-m fer-ā-s	fer-a-r fer-ā-ris	e-a-m e-ā-s	fī-a-m fī-ā-s
Konj. Impf.	vel-le-m vel-lē-s	nōl-le-m nōl-lē-s	māl-le-m māl-lē-s	fer-re-m fer-rē-s	fer-re-r fer-rē-ris	ī-re-m ī-rē-s	fi-e-re-m fi-e-rē-s
Ind. Perf.	vol-u-ī	nōl-u-ī	māl-u-ī	tul-ī	lāt-us sum	i-ī	fact-us sum
Ind. Plqpf.	vol-u-eram	nōl-u-eram	māl-u-eram	tul-eram	„ eram	i-eram	„ eram
Fut. II	vol-u-erō	nōl-u-erō	māl-u-erō	tul-erō	„ erō	i-erō	„ erō
Konj. Perf.	vol-u-erim	nōl-u-erim	māl-u-erim	tul-erim	„ sim	i-erim	„ sim
Konj. Plqpf.	vol-u- -issem	nōl-u- -issem	māl-u- -issem	tul-issem	„ essem	i-issem[4]	„ essem
Inf. Präs.	vel-le	nōl-le	māl-le	fer-re	fer-rī	ī-re Pass. ī-rī	fi-e-rī
Inf. Perf.	vol-u-isse	nōl-u-isse	māl-u-isse	tul-isse	lāt-um esse	i-isse[4]	fact-um esse
Inf. Fut.	–	–	–	lat-ūrum esse	–	i-t-ūrum esse	–
Part. Präs.	vol-ēns	nōl-ēns	–	fer-ēns	–	i-ēns, e-u-ntis	–
Part. Perf.	–	–	–	–	lāt-us	–	fact-us
Part. Fut.	–	–	–	lāt-ūrus	–	i-t-ūrus	fu-tūr-us
Gerund.	–	–	–	–	fer-e-ndus	e-u-ndum (est)	–
Sup.	–	–	–	–	–	i-t-um	–
Imp.	(vel „oder“ als Konj.)	nōl-ī (-īte)	–	fer (ferte)	–	ī (īte)	–

[1]) Vom Stamm vel- werden gebildet velle (aus *vel-se), vellem (aus *vel-sem), velim (alter Optativ), vor a, o, u Umfärbung des e zu o und u: volō, volunt, volam; vult und vultis über

Da **īre** intransitiv ist, bildet es nur ein unpersönliches Passiv: ītur man geht, itum est man ging. – Transitiv gebrauchte *Komposita* haben dagegen ein persönliches Passiv: fīnēs nōn trānseundī sunt die Grenzen dürfen nicht überschritten werden.

Die jüngeren Komposita von facere bilden ihr Passiv mit **fierī:** assuēfierī gewöhnt werden, patefierī geöffnet werden. Ebenso: certior fīō ich werde benachrichtigt. – Aber: efficī bewirkt werden, reficī wiederhergestellt werden usw.

Verba defectiva (Verben, die nur einzelne Formen bilden) § 36

1. **coepī** ich habe angefangen: coeperam, coeperō, coeperim, coepissem und die übrigen Personen, coepisse, coeptus, coeptūrus
2. **meminī**[6]) ich erinnere mich: memineram, meminerō, meminerim, meminissem und die übrigen Personen, meminisse; mementō!
3. **ōdī** ich hasse: ōderam, ōderō, ōderim, ōdissem; ōdisse.
4. **inquit** (in die direkte Rede eingeschoben) er sagt, sagte; inquam ich sage; inquiunt sie sagen; Fut. inquiēs.
5. **aiō** ich behaupte, bejahe; aït er sagt, sagte; aïunt sie sagen; aïēbam usw.
6. **quaesō** (ich) bitte; quaesumus wir bitten.
7. **nequeō**[7]) ich kann nicht.

Stammformen der wichtigsten Verba und ihrer Komposita § 37

Zusammengesetzte Verba (Composita) werden gebildet, indem vor die einfachen oder Stammverba (Simplicia) adverbiale Vorsilben (meist Präpositionen) treten. Diese verändern ihren auslautenden Konsonanten oft durch *Assimilation* (Angleichung), z. B. *adferre > afferre, attulī, allātum herantragen, oder auf sonstige Weise, z. B. auferre neben abstulī, ablātum wegtragen. Oft entfällt auch die Reduplikation.
Unter dem Einfluß der vorhistorischen Anfangsbetonung erleidet auch der *Vokal des Stammverbs* eine Änderung: er wird *geschwächt* (facere machen > -ficere, caedere fällen > -cīdere, claudere schließen > -clūdere) oder *schwindet* ganz: *subregere > surgere aufstehen oder *verschmilzt* mit dem Endvokal der Präposition (*coagere > cōgere zusammentreiben).

Bei den Komposita ist die ursprüngliche Bedeutung der Vorsilbe und des Stammverbs meist noch erkennbar, oft aber doch stark abgewandelt.

---

volt und voltis ohne Zwischenvokal. – Vom Stamm vi: vīs (vgl. in-vī-tus wider Willen); ebenso erklärt sich quamvīs (wie du willst) wie sehr auch.

[2]) nōlō aus *ne-volō (vgl. ne-sciō ich weiß nicht), mālō aus *ma(gis) volō.

[3]) Stamm des Präs. fer-, des Perf. tul-, des Supin. lāt- (aus *tlāt-). Die Zwischenvokale e und i fehlen vielfach im Ind. Präs. sowie im Inf. (aus *fer-se), Konj. Impf. und Imp.; Perf. tulī aus *tetulī.

[4]) Der urspr. Präsensstamm *ei- wurde zu ī, vor a, o, u zu e: eam, eō, eunt, euntis; im Perfekt wird Doppel-i vor s meist zu einfachem ī: īsse, īssem.

[5]) Der Präsensstamm heißt fī- und bleibt auch vor Vokalen lang außer bei fierī und fierem. Das Perfekt wird vom Supinstamm von facere gebildet.

[6]) Zu mēn-s, mon-ēre; meminī ist redupliz. Perfekt: ich habe es meinem Geist eingeprägt.

[7]) neque it „es geht nicht" wird zu nequit und als 3. Pers. Ind. Präs. eines Verbums nequeō aufgefaßt.

Vorsilbe	Bedeutung	Beispiele	
ā, ab, abs (au-)	ab, weg, fort, davon, ent-, miß-	absolvere	ablösen, freisprechen
		abesse (Perf. āfuī)	abwesend sein
		auferre	wegtragen
		asportāre	forttragen
		āmittere	(fortschicken) verlieren
		abdere	(fortgeben) verbergen
		abundāre	(davonfließen) Überfluß haben
		aufugere	entfliehen
		abstinēre	sich enthalten
		abūtī	mißbrauchen
ad	(her)an, (hin)zu, (da)bei	accipere	annehmen, empfangen, vernehmen
		addūcere	heranführen, veranlassen
		aggredī	(herangehen) angreifen
		adorīrī	angreifen
		adimere	(an sich nehmen) wegnehmen
		accīdere (v. cadere)	(anfallen) sich ereignen
		adhibēre	(dazu haben) anwenden, hinzuziehen
		afficere	(dazutun) versehen mit
		adesse	dabeisein, helfen
amb-	(her)um	amplectī	umfassen
		ambīre	(herumgehen) sich bewerben
ante	vor(an)	antepōnere	vorziehen
		antecēdere	vorangehen, übertreffen
circum	(her)um	circúmdare	umgeben
		circumsistere	sich herumstellen, umzingeln
com-, con-, co- altlat. für cum	zusammen (mit), völlig, sehr	cōgere	zusammentreiben, zwingen
		coercēre	zusammenhalten, zügeln
		cōnficere	(zusammentun) vollenden
		colligere	(zusammenlesen) sammeln
		condūcere	anwerben
		cōnscrībere	(zusammenschreiben) ausheben
		condere	(zusammengeben) gründen, bergen
		concēdere	(zusammengehen) nachgeben, einräumen, gestatten
		committere	(zusammenfügen) zustande kommen lassen
		cōnstāre	zu stehen kommen, kosten, bestehen aus, feststehen
		cōnsistere	sich aufstellen
		cōnstituere	aufstellen, festsetzen, beschließen
		commovēre	erregen, veranlassen
		compellere	(stark treiben) veranlassen
		coarguere	überführen
		convincere	überführen
		cognōscere	kennenlernen, erkennen, erfahren
		contendere	sich sehr anspannen, sich anstrengen, kämpfen, eilen, behaupten
		cōnsūmere	verbrauchen

		corrumpere	verderben, bestechen
		complēre	vollfüllen, ergänzen
dē	(her)ab, weg, ent-, ver-, völlig	dēspicere	herabsehen, verachten
		dēsinere	ablassen von, aufhören
		dēsistere	abstehen von
		dēficere	abfallen, schwinden, fehlen
		deesse	(wegsein) fehlen
		dēcernere	entscheiden, beschließen
		dēcipere	täuschen
		dēserere	im Stich lassen, verlassen
		dēbēre (v. habēre)	schulden, müssen
		dēgere	verleben
		dēfendere	(wegstoßen) verteidigen
		dēvovēre	verfluchen
		dēvincere	völlig besiegen
dis-	fort, auseinander, miß-, zer-, ver-	dīmittere	fortschicken, entlassen
		diligere	(auslesen) lieben
		dīrimere	(auseinandernehmen) trennen
		discernere	(voneinander scheiden) trennen
		disserere	(auseinandersetzen) erörtern
		dīripere	(auseinanderreißen) plündern
		distāre	entfernt sein
		dīlabī	zerfließen
		diffīdere	mißtrauen
		dispergere	zerstreuen
		diruere	zerstören
		dispōnere	verteilen, ordnen
		differre	verschieben, sich unterscheiden
ex, ē	(her)aus, empor, ent-, ver-, völlig, genau	exigere	heraustreiben, vollenden
		exspectāre	ausschauen, erwarten
		existere	hervortreten, entstehen,
		ēminēre	empor-, hervorragen
		effugere	entfliehen
		ēdicere	verkündigen, verordnen
		expugnāre	(völlig erkämpfen) erobern
		efficere	(völlig tun) bewirken
		ēdiscere	auswendig lernen
		exercēre	üben
in	(hin)ein, (dar)in, an, ganz	irrumpere	einbrechen
		imminēre	(hineinragen) drohen, bevorstehen
		impendēre	hereinhängen, drohen
		īnstituere	einsetzen, sich vornehmen, unterrichten
		īnstruere	ein-, unterrichten
		invidēre	(scheel hineinsehen) beneiden
		invenīre	(auf etwas kommen) erfinden
		inesse	darin sein
		incipere	anfangen
		incolere	bewohnen
		īnstāre	bevorstehen, drohen
		indigēre	ganz entbehren

inter	(da)zwischen, (dar)unter	intermittere interesse intellegere interficere	dazwischenlegen, unterbrechen dabei sein, teilnehmen, sich unterscheiden (unter mehreren wählen) einsehen niedermachen, töten
intrō	hinein	introīre	hineingehen
nĕ-, nec-	nicht, un-	nescīre neglegere	nicht wissen nicht achten, vernachlässigen, versäumen, übersehen
ob, obs-	entgegen, wider, gegenüber	offendere obesse offerre ostendere obsistere obstāre occīdere occĭdere opprimere obsidēre ōmittere obsequī obtinēre	(dagegen stoßen) verletzen, beleidigen (entgegensein) schaden (entgegentragen) anbieten entgegenstrecken, zeigen entgegentreten widerstehen (dagegen schlagen) töten untergehen unterdrücken, überfallen gegenübersitzen, belagern aufgeben gehorchen festhalten, behaupten
per	(hin)durch, bis zum Ziel, zer-, ver-	pervenīre persuadēre perficere perterrēre pertinēre pergere (v. regere) permittere percipere perfringere perdere perīre	(hindurchkommen) gelangen (bis zum Ziel raten) überreden, überzeugen vollenden sehr erschrecken sich (bis ans Ziel) erstrecken, sich beziehen fortfahren erlauben begreifen zerbrechen verderben vergehen, zu Grunde gehen
pot-	mächtig	posse possīdere possidēre	(mächtig sein) können (sich in die Macht setzen) in Besitz nehmen (in der Macht sitzen) besitzen
prae	voran, voraus	praeficere praestāre praebēre (v. habēre) praecipere praemittere	voran, an die Spitze stellen voranstehen, übertreffen (vorhalten) darreichen, gewähren vorschreiben vorausschicken
praeter	vorüber, vorbei	praetermittere	vorbeigehen lassen, unterlassen
prō, prōd-, por-	hervor, voran, vor, für	prōmere prōdīre proficīscī prohibēre prōsternere	hervorholen hervorgehen vorrücken, aufbrechen, marschieren (davorhalten) hindern (vorn ausbreiten) zu Boden strecken

		prōscrībere	ächten
		pollicērī	(anbieten) versprechen
		prōvidēre	voraussehen, sorgen für
		prōspicere	voraussehen, sorgen für
		prōmittere	versprechen
		prōdere	verraten
		porrigere	hinstrecken, darreichen
		prōdesse	dafür sein, nützen
		prōtegere	schützen
re-, red-	zurück, an den gehörigen Platz, wieder, wider	recipere	zurück-, aufnehmen
		redimere	zurück-, loskaufen, pachten
		relinquere	zurück-, verlassen
		respondēre	(zurücksprechen) antworten
		referre	zurückbringen, berichten
		redigere	in den gehörigen Zustand bringen, machen [zu
		reperīre (v. parere)	(wieder) finden
		reficere	wiederherstellen
		restituere	wiederherstellen
		repetere	wiederholen
		restāre	übrig sein
		revertī	wieder-, heimkehren
		removēre	entfernen
		rescindere	einreißen
		redarguere	widerlegen
		resistere	sich widersetzen, widerstehen
		reprehendere	(Widerpart halten) tadeln
sē-	beiseite, ab	sēcēdere	weggehen
		sēcernere	absondern, trennen
		sēiungere	abtrennen
sub, subs-	(von) unten, empor, auf, heimlich	suspicere	(von unten sehen) argwöhnen
		subīre	(von unten herangehen) auf sich nehmen
		subigere	unterwerfen
		subicere	unterwerfen
		submittere	zu Hilfe schicken
		subvenīre	zu Hilfe kommen
		surgere (v. regere)	sich aufrichten, aufstehen
		sūmere (v. emere)	auf (oder zu) sich nehmen
		suspendere	aufhängen
		succēdere	auf jem. folgen, an die Stelle treten, gelingen
		sustinēre	aushalten, aufrechterhalten
		supplēre	(auffüllen) ergänzen
		subtrahere	(heimlich) entziehen
		suscipere	unternehmen
super	über, übrig	superfluere	überfließen
		superesse	übrig sein
trāns, trā-	(hin)über, hindurch	trānsferre	übertragen, überse´tzen
		trāicere	hinüberwerfen, ü´bersetzen
		trādere	übergeben, überliefern
		trānsfīgere	durchbohren

§ 38 ā-Konjugation[1])

a) Perfekt mit Reduplikation

1. **dare**[2])	dō	dedī	datum	geben
2. **stāre**[3])	stō	stetī	statum	stehen

b) Perfekt mit Ablaut und c) Perfekt auf -sī *fehlen*

d) Perfekt auf -vī *und* -uī

3. **laudāre**[4])	laudō	laudāvī	laudātum	loben
4. **iuvāre**	iuvō	iūvī[5])	iūtum	unterstützen, helfen
5. **lavāre**	lavō	lāvī[5])	lautum	waschen; Pass. baden
6. **vetāre**	vetō	vetuī	vetitum	verbieten

7.–9. ebenso **crepāre** knarren, **cubāre** liegen (um zu ruhen), **domāre** bezwingen

10. **secāre**	secō	secuī	sectum	schneiden
11. **sonāre**	sonō	sonuī	–	tönen

§ 39 ē-Konjugation

a) Perfekt mit Reduplikation[6])

12. **pendēre**	pendeō	pependī	–	(herab)hängen
13. **spondēre**	spondeō	spopondī	spōnsum	geloben

b) Perfekt mit Ablaut

14. **sedēre**	sedeō	sēdī	sessum	sitzen
15. **vidēre**	videō	vīdī[5])	vīsum[5])	sehen; *Pass.* scheinen

c) Perfekt auf -sī

16. **augēre**	augeō	auxī	auctum	vermehren

17./18. ebenso **lūcēre** leuchten und **lūgēre** trauern (ohne Supinum)

19. **ardēre**	ardeō	arsī	–	brennen
20. **suadēre**	suadeō	suāsī[5])	suāsum[5])	raten

21. ebenso **rīdēre** lachen

---

[1]) Die Verba sind innerhalb der Konjugationen nach der Bildung des Perfekts geordnet (vgl. § 30).
[2]) Komposita geschwächt -didī, -ditum außer circúmdare herumgeben. Vgl. Nr. 71–78. Langes ā haben: dās, dā, dāns.
[3]) Komposita geschwächt -stitī außer circumstāre umstehen.
[4]) Ebenso die meisten Verben der ā-Konjugation.
[5]) Unter gleichzeitiger Dehnung des Wurzelvokals (iūvī aus *iuva-vī).
[6]) Komposita ohne Reduplikation.

22. **manēre**	maneō	mānsī[1])	mānsum[1])	bleiben
23. **iubēre**	iubeō	iussī	iussum	befehlen
24. **haerēre**	haereō	haesī	haesum	hängenbleiben

d) Perfekt auf -vī und -uī

25. **dēlēre**	dēleō	dēlēvī	dēlētum	zerstören
26./27. ebenso **complēre** auffüllen und **flēre** weinen				
28. **movēre**	moveō	mōvī[1])	mōtum[1])	bewegen
29. ebenso **vovēre** geloben				
30. **cavēre**	caveō	cāvī[1])	cautum	sich hüten vor
31. ebenso **favēre** begünstigen				
32. **monēre**	moneō	monuī	monitum	erinnern, ermahnen
33.–37. ebenso **habēre**[2]) haben, **merēre** verdienen, **nocēre** schaden, **placēre**[2]) gefallen, **tacēre** schweigen, **terrēre** jem. erschrecken				
38. **docēre**	doceō	docuī	doctum	lehren
39. **miscēre**	misceō	miscuī	mixtum	mischen
40. **cēnsēre**	cēnseō	cēnsuī	cēnsum	schätzen, meinen
41. **tenēre**[2])	teneō	tenuī	–	(fest)halten
42. **arcēre**[3])	arceō	arcuī	–	abwehren, fernhalten

ī-Konjugation §40

a) Perfekt mit Reduplikation

43. **reperīre**	reperiō	repperī[4])	repertum	(wieder)finden

b) Perfekt mit Ablaut

44. **venīre**	veniō	vēnī[1])	ventum	kommen

c) Perfekt auf -sī

45. **sancīre**	sanciō	sānxī[1])	sānctum[1])	festsetzen, heiligen
46. ebenso **vincīre** fesseln				

---

[1]) Unter gleichzeitiger Dehnung des Wurzelvokals (mōvī aus *move-vī).

[2]) Komposita geschwächt: -hibēre, -hibeō, -hibuī, -hibitum; dēbēre schulden, müssen und praebēre darreichen, gewähren (zusammengezogen aus *dē- bzw. *praehibēre); ebenso bei 36 -plicēre, -pliceō, -plicuī, -plicitum; bei 41 -tinēre, -tineō, -tinuī, -tentum; bei 42 -ercēre, -erceō, -ercuī, -ercitum.

[3]) Ebenso die meisten Verben der ē-Konjugation (ohne Supinum): carēre entbehren, egēre bedürfen, dolēre Schmerz empfinden, florēre blühen, horrēre schaudern, iacēre liegen, pārēre gehorchen, erscheinen, patēre offenstehen, silēre schweigen, studēre sich bemühen, timēre fürchten, valēre gesund, stark sein; gelten.

[4]) Aus *re-pe-per-ī (zu parere erwerben, Nr. 153).

47. **haurīre**	hauriō	hausī	haustum	schöpfen, ausleeren
48. **saepīre**	saepiō	saepsī	saeptum	umzäunen
49. **sentīre**	sentiō	sēnsī[1])	sēnsum[1])	fühlen

d) Perfekt auf -vī *und* -uī

50. **audīre**[2])	audiō	audīvī	audītum	hören
51. **sepelīre**	sepeliō	sepelīvī	sepultum	begraben
52. **aperīre**	aperiō	aperuī	apertum	öffnen, aufdecken
52a. ebenso **operīre** bedecken				
53. **salīre**[3])	saliō	saluī	saltum	springen

e) Perfekt ohne Veränderung des Stammvokals

54. **comperīre**	comperiō	comperī	compertum	erfahren

Konsonantische Konjugation

§ 41 **A. Verba mit konsonantischem Stammausgang**

a) Perfekt mit Reduplikation[4])

1. Mit Schwächung des Stammvokals

55. **cadere**	cadō	cecidī	cāsum[1])	fallen
56. **caedere**	caedō	cecīdī	caesum	fällen, niederhauen
57. **canere**	canō	cecinī	(cantātum)	singen
58. **fallere**	fallō	fefellī	(dēceptum)	täuschen
59. **parcere**	parcō	pepercī	(temperātum)	schonen

2. Ohne Veränderung des Stammvokals

60. **currere**	currō	cucurrī	cursum	laufen
61. **pendere**	pendō	pependī	pēnsum[1])	anhängen, abwägen, zahlen
62. **tendere**	tendō	tetendī	tentum	spannen, dehnen

3. -n-Erweiterung im Präsensstamm

63. **tangere**[5])	tangō	tetigī	tāctum[1])	berühren

---

[1]) Unter gleichzeitiger Dehnung des Wurzelvokals.
[2]) Ebenso die meisten Verben der ī-Konjugation.
[3]) Komposita abgeschwächt in -silīre, siliō, -siluī; ebenso bei 55 -cidere, -cidō, -cidī; 56 -cīdere, cīdō, -cīdī.
[4]) Komposita ohne Reduplikation, Ausnahme bei Nr. 67 reppulī (aus *re-pe-pu-lī) von repellere zurücktreiben.
[5]) Komposita meist abgeschwächt.

64. ebenso **pangere** abmachen, ausbedingen

65. **scindere**	scindō	scidī	scissum	zerreißen

66. ebenso **findere** spalten

67. **pellere**[1]	pellō	pepulī	pulsum	treiben
ebenso **tollere**[1]	tollō	< sustulī	sublātum >	aufheben

4. -sc-Erweiterung im Präsens- und Perfektstamm

68. **poscere**	poscō	poposcī	(postulātum)	fordern

5. Mit Präsensreduplikation

69. **discere**[7]	discō	didicī	–	lernen
70. **sistere**[7]	sistō	stetī[5]	statum	(sich) stellen

6. Echte und unechte Komposita von dare

71. **trādere**[2]	trādō	trādidī	trāditum	überliefern

72./73. ebenso **reddere** zurückgeben, machen zu und **vēndere** verkaufen

74. **abdere**[3]	abdō	abdidī	abditum	verbergen

75.–78. ebenso **condere** gründen, bergen, **crēdere** glauben, **perdere** verderben, **prōdere** verraten

b) Perfekt mit Ablaut

79. **agere**[4]	agō	ēgī	āctum[6]	(be)treiben, (ver)handeln
80. **edere**	edō	ēdī	ēsum[6]	essen
81. **emere**[4]	emō	ēmī	ēmptum[6]	kaufen
82. **legere**[4]	legō	lēgī	lēctum[6]	lesen
83. **cōnsīdere**	cōnsīdō	cōnsēdī	cōnsessum	sich setzen, sich niederlassen

Mit -n-Erweiterung im Präsensstamm

84. **frangere**[4]	frangō	frēgī	frāctum[6]	(zer)brechen
85. **fundere**	fundō	fūdī	fūsum[6]	gießen, in die Flucht schlagen
86. **relinquere**	relinquō	relīquī	relictum	verlassen, übriglassen
87. **vincere**	vincō	vīcī	victum	(be)siegen
88. **rumpere**	rumpō	rūpī	ruptum	(zer)brechen, zerreißen

---

[1]) Aus *pelnere, *tolnere.
[2]) Wurzel da- = geben.
[3]) Wurzel dhe = setzen, legen.
[4]) Komposita im Präsensstamm abgeschwächt zu -igere, zusammengezogen bei cōgere zusammentreiben, zwingen und dēgere verleben; abgeschwächt auch bei 63 -tingere, 81 -imere (vgl. aber Nr. 112/113), 82 -ligere (vgl. aber Nr. 92–94), 84 -fringere.
[5]) Komposita meist abgeschwächt.
[6]) Unter gleichzeitiger Dehnung des Wurzelvokals.
[7]) Stamm doc, sta.

4 6835

c) Perfekt auf -sī

1. Gutturalstämme

89.	**dīcere**	dīcō	dīxī	dictum	sagen
90.	**dūcere**	dūcō	dūxī	ductum	ziehen, führen
91.	**afflīgere**	afflīgō	afflīxī	afflīctum	niederschlagen, beschädigen
92.	**intellegere**	intellegō	intellēxī[1]	intellēctum[1]	einsehen
93./94.	ebenso **neglegere** vernachlässigen und **dīligere** lieben				
95.	**regere**[4]	regō	rēxī[1]	rēctum[1]	lenken, leiten
96.–98.	ebenso **tegere** (be)decken, **struere** bauen, errichten, **fluere** fließen				
99.	**trahere**	trahō	trāxī[1]	trāctum[1]	ziehen, schleppen
100.	ebenso **vehere**[4] fahren (trans.; Pass. intrans.)				
101.	**vīvere**	vīvō	vīxī	–	leben
102.	**fīgere**	fīgō	fīxī	fīxum	anheften
103.	**spargere**[2]	spargō	sparsī	sparsum	streuen

-n-Erweiterung im Präsens- und Perfektstamm

104.	**iungere**	iungō	iūnxī[1]	iūnctum[1]	verbinden
105.	**exstinguere**	exstinguō	exstīnxī[1]	exstīnctum[1]	auslöschen, vernichten
106.	ebenso **cingere** umgürten				
107.	**fingere**	fingō	fīnxī[1]	fictum	bilden, erdichten
108./109.	ebenso **pingere** malen, **stringere** streifen, zücken				

2. Labialstämme

110.	**scrībere**	scrībō	scrīpsī	scrīptum	schreiben
111.	ebenso **nūbere** einen Mann heiraten				

3. Nasalstämme

112.	**sūmere**[3]	sūmō	sūmpsī	sūmptum	nehmen
113./114.	ebenso **dēmere**[3] wegnehmen und **contemnere** verachten				

4. Dentalstämme

115.	**claudere**[2]	claudō	clausī	clausum	schließen
116.–119.	ebenso **laedere** verletzen, **lūdere** spielen, **invādere** eindringen, **dīvidere** teilen				

---

[1]) Unter gleichzeitiger Dehnung des Wurzelvokals.

[2]) Komposita mit Abschwächung -spergere, -spergō, -spersī, -spersum; ebenso bei 115 -clūdere, -clūdō, -clūsī, -clūsum.

[3]) Komposita von emere (vgl. Nr. 81) mit Zusammenziehung aus *subs-emere und *dē-emere.

[4]) Komposita im Präsensstamm abgeschwächt zu -rigere; zusammengezogen bei pergere fortfahren und surgere aufstehen; ohne Abschwächung bei 96 tegere, 100 vehere.

120. **cēdere**	cēdō	cessī	cessum	gehen, weichen
121. **mittere**	mittō	mīsī[1])	missum	schicken, senden, werfen
122. **flectere**	flectō	flēxī[1])	flexum	beugen, biegen

5. s-Stämme

123. **gerere**[2])	gerō	gessī	gestum	tragen, verrichten (Taten), führen (Krieg)
124. **ūrere**[2])	ūrō	ūssī	ūstum	verbrennen
125. **premere**[3])	premō	pressī	pressum	(be)drücken, bedrängen

d) Perfekt auf -vī *und* -uī

1. Perfekt auf -vī

126. **arcessere**	arcessō	arcessīvī	arcessītum	herbeiholen
127. ebenso **lacessere** reizen				
128. **petere**	petō	petīvī	petītum	erstreben, angreifen, eilen nach
129. **quaerere**[4])	quaerō	quaesīvī	quaesītum	(zu erfahren) suchen, fragen
130. **terere**	terō	trīvī[8])	trītum	reiben, abnutzen
131. **serere**	serō	sēvī[8])	satum	säen, pflanzen

-n-Erweiterung des Präsensstammes

132. **cernere**	cernō	crēvī[8])	crētum	scheiden, sehen
133. ebenso **spernere** verachten				
134. **sternere**	sternō	strāvī[8])	strātum	zu Boden strecken
135. **sinere**[5])	sinō	sīvī[1])	situm	(zu)lassen

-sc-Erweiterung des Präsensstammes[6])

136. **crēscere**	crēscō	crēvī	–	wachsen

137.–139. ebenso **adolēscere** heranwachsen, **assuēscere** sich gewöhnen, **quiēscere** ruhen

140. **nōscere**[7])	nōscō	nōvī	–	kennenlernen

2. Perfekt auf -uī

141. **alere**	alō	aluī	altum	(er)nähren
142. **colere**	colō	coluī	cultum	bebauen, pflegen, verehren

---

[1]) Unter gleichzeitiger Dehnung des Wurzelvokals.
[2]) Von Wurzel ges- und ūs-.
[3]) Komposita im Präsensstamm abgeschwächt zu -primere (Wurzel prem- und pres-).
[4]) Komposita abgeschwächt zu -quīrere, -quīrō, -quīsīvī, -quīsītum.
[5]) dēsinere ablassen, aufhören. Perf. dēsiī.
[6]) Sog. Verba incohativa (von incohāre anfangen) bei einer beginnenden Tätigkeit.
[7]) Supinum von īgnōscere verzeihen īgnōtum, von cognōscere erkennen cognitum.
[8]) Schwundstufe (*tr-, *s-, *cr-, *str-) mit angehängtem langen Vokal.

143. **cōnsulere**	cōnsulō	cōnsuluī	cōnsultum	um Rat fragen, sorgen für
144. **serere**	serō	seruī	sertum	(auf)reihen, knüpfen
145. **incumbere**	incumbō	incubuī	incubitum	sich legen auf
146. **gignere**	gignō	genuī	genitum	erzeugen, hervorbringen
147. **pōnere**[1])	pōnō	posuī	positum	setzen, legen, stellen

e) Perfekt ohne Veränderung des Präsensstammes

148. **dēfendere**	dēfendō	dēfendī	dēfēnsum	wegstoßen, verteidigen gegen

149.–151. ebenso **accendere** anzünden, **ascendere** ersteigen und **prehendere** ergreifen

152. **vertere**	vertō	vertī	versum	wenden, drehen, kehren

§ 42 **B. Verba auf -iō**

a) Perfekt mit Reduplikation

153. **parere**	pariō	peperī	partum	hervorbringen, gebären

b) Perfekt mit Ablaut

154. **capere**[2])	capiō	cēpī	captum	nehmen, fangen, ergreifen
155. **facere**[2])	faciō	fēcī	factum	machen, tun
156. **iacere**[2])	iaciō	iēcī	iactum	werfen
157. **fodere**	fodiō	fōdī	fossum	graben
158. **fugere**	fugiō	fūgī	–	fliehen

c) Perfekt auf -sī

159. **concutere**	concutiō	concussī	concussum	erschüttern
160. **prōspicere**	prōspiciō	prōspēxī	prōspectum	vorsehen, beschaffen, sorgen für

d) Perfekt auf -vī *und* -uī

161. **cupere**	cupiō	cupīvī	cupītum	wünschen, begehren
162. **rapere**[2])	rapiō	rapuī	raptum	rauben

C. Verba auf -uō

163. **arguere**	arguō	arguī	–	beschuldigen

164./165. ebenso **metuere** fürchten, **luere** bezahlen, büßen und **ruere**[3]) einstürzen

---

[1]) Aus *po-sinere.

[2]) Komposita im Präsensstamm abgeschwächt zu -cipere bzw. 155 -ficere, 156 -icere, 162 -ripere. Bei jüngeren Komposita von facere unterbleibt aber die Abschwächung, z. B. patefacere offenbar machen; das Passiv bilden sie wie facere mit fierī.

[3]) Komposita bilden ein Supinum auf -rutum z. B. dīruere, dīrutum

166. **statuere**[1])	statuō	statuī	statūtum[2])	aufstellen, festsetzen, beschließen

167./168. ebenso **minuere** vermindern und **tribuere** zuerteilen

169. **solvere**	solvō	solvī	solūtum[2])	lösen, zahlen

169a. ebenso **volvere** wälzen

Deponentia § 43

ā-Konjugation

170. **hortārī**[3])	hortor	hortātus sum	ermahnen

ē-Konjugation § 44

171. **verērī**	vereor	veritus sum	fürchten, sich scheuen

172.–174. ebenso **merērī** verdienen, sich verdient machen, **miserērī** sich erbarmen, **pollicērī** versprechen

175. **rērī**	reor	ratus sum	berechnen, glauben
176. **fatērī**[4])	fateor	fassus sum	gestehen

Semideponentia

177. **audēre**	audeō	ausus sum	wagen
178. **gaudēre**	gaudeō	gavīsus sum	sich freuen über
179. **solēre**	soleō	solitus sum	pflegen

ī-Konjugation § 45

180. **partīrī**[5])	partior	partītus sum	teilen
181. **assentīrī**	assentior	assēnsus sum	zustimmen
182. **mētīrī**	mētior	mēnsus sum	messen
183. **ōrdīrī**	ōrdior	ōrsus sum	anfangen
184. **experīrī**	experior	expertus sum	versuchen
185. **orīrī**[6])	orior	ortus sum	entstehen, aufgehen

---

[1]) Komposita im Präsensstamm abgeschwächt zu -stituere.

[2]) Unter gleichzeitiger Dehnung des Wurzelvokals; solvere < *sē-luere.

[3]) Ebenso sämtliche Deponentia der ā-Konjugation.

[4]) Komposita abgeschwächt zu -fitērī, -fiteor, -fessus sum.

[5]) Ebenso die meisten Deponentia der ī-Konjugation: mentīrī lügen, potīrī sich bemächtigen, sortīrī losen, molīrī in Bewegung setzen, sich abmühen.

[6]) Ind. Präs., Konj. Impf., Imp. werden nach der halbkons. Konj. gebildet (also: oreris, oritur, orimur, orerer, orere); aber die Komposita gehen nach der ī-Konjugation (also: adorīris usw.).

186. **ūtī**	ūtor	ūsus sum	gebrauchen
187. **fungī**	fungor	fūnctus sum	verwalten
188. **complectī**	complector	complexus sum	umarmen
189. **nītī**	nītor	nīsus (nīxus) sum	sich stützen, sich anstrengen
190. **querī**	queror	questus sum	(sich be)klagen
191. **loquī**	loquor	locūtus sum	sprechen
192. **sequī**	sequor	secūtus sum	folgen
193. **fruī**	fruor	(ūsus sum)	genießen
194. **lābī**	lābor	lāpsus sum	gleiten, fallen

Mit -sc-Erweiterung (vgl. Nr. 136–140)

195. **adipīscī**	adipīscor	adeptus sum	erlangen
196. **irāscī**	irāscor	(suscēnsuī)	zürnen
197. **nancīscī**	nancīscor	nactus (nānctus) sum	zufällig erlangen
198. **nāscī**	nāscor	nātus sum	geboren werden, entstehen
199. **oblīvīscī**	oblīvīscor	oblītus sum	vergessen
200. **proficīscī**	proficīscor	profectus sum	aufbrechen, marschieren
201. **reminīscī**	reminīscor	(recordātus sum)	sich erinnern
202. **ulcīscī**	ulcīscor	ultus sum	(sich) rächen (an)

Deponentia auf -ior

203. **patī**	patior	passus sum	leiden, (er)dulden
204. **aggredī**	aggredior	aggressus sum	angreifen
205. **morī**	morior	mortuus sum	sterben

Semideponentia

206. **fīdere**	fīdō	fīsus sum	(ver)trauen
207. **revertī**[1])	revertor	revertī	zurückkehren

[1]) Part. Perf. reversus.

Satzlehre

A. Der einfache und erweiterte Satz

I. Die Satzteile

Prädikat und Subjekt

§ 47

Grundbestandteile des einfachen Satzes sind

das **Prädikat**[1]) (Satzaussage) und das **Subjekt**[1]) (Satzgegenstand).

Das **Prädikat** kann sein

1. ein *Verbum* mit Personalendung = *verbales Prädikat*:

rosa floret	die Rose blüht

2. ein *Prädikatsnomen*[2]) (Adjektiv, Partizip, Substantiv, Pronomen) mit oder ohne Hilfsverb[3]) (Kopula) = *nominales Prädikat*:

rosa pulchra (tincta) est	die Rose ist schön (gefärbt)
rosa flos est	die Rose ist eine Blume
non is sum, qui terrear	ich bin nicht der Mensch, der sich schrekken ließe
Aurora Musis amica	die Morgenröte *ist die* Freundin der Musen

Das **Subjekt** kann sein

1. eine im Verbum enthaltene *Person*: i! gehe! (2. Person). taedet „es" verdrießt.
   Das unbestimmte Subjekt „man" besitzt das Lateinische nicht, es verwendet dafür:
   a) das Passiv: laudamini man lobt euch; mihi invidetur man beneidet mich
   b) die 1. Pers. Plur.:
      quae volumus, ea credimus libenter — was wir wünschen, das glauben wir gern
   c) die 3. Pers. Plur. nur in: dicunt, ferunt, tradunt, narrant = man berichtet
   d) die 2. Pers. Sing. des coni. pot.: crederes man hätte glauben können (vgl. § 107)
   e) ein Pron. indef.: dicat (ali)quis man könnte sagen (vgl. § 107)

---

[1]) praedicare aussagen, subicere zugrunde legen.

[2]) Das Prädikatsnomen steht meist im Nominativ, aber auch im Gen. (vgl. § 55–57), Dat. (vgl. § 69), Akk. (vgl. § 72) oder Abl. (vgl. § 81–82; 85); vgl. im Deutschen präpos. Ausdrücke wie: es ist von Wichtigkeit.

[3]) Hilfszeitwörter sind außer esse sein auch fierī werden, vidēri scheinen u. a. (vgl. § 72); diese werden aber auch als Vollverben gebraucht, z. B. est Deus es gibt einen Gott.

2. ein *Nomen* im Nominativ (Substantiv, substantiviertes Adjektiv oder Partizip, Pronomen, Pronominaladjektiv, Zahlwort):

hospites (miseri, invitati, hi, alii, duo) intraverunt	die Gäste (die Unglücklichen, die Eingeladenen, diese, andere, zwei) traten ein

3. ein nominaler, einem Neutrum entsprechender *Inf. oder a.c.i*:

errare humanum est	Irren ist menschlich
legem brevem esse oportet	ein Gesetz muß kurz sein

4. ein *Nebensatz*:

quae nocent, docent	was schadet, macht klug

§ 48 Übereinstimmung zwischen Subjekt und Prädikat

1. Das *verbale Prädikat* richtet sich nach dem Subjekt im Numerus[1]):

rosae florent	die Rosen blühen

2. Das *adjektivische Prädikatsnomen* stimmt mit dem Subjekt im Kasus, Numerus und Genus überein:

rosae pulchrae sunt	die Rosen sind schön

3. Das *substantivische Prädikatsnomen* stimmt mit dem Subjekt im Kasus überein, im Numerus, wenn es der Sinn erlaubt, im Genus, wenn es die Form erlaubt:

Athenae domicilium litterarum fuerunt (aber omnium artium inventrices fuerunt)	Athen war die Heimat der Wissenschaft (die Erfinderin aller Künste)
sol est dominus diei, luna domina noctis	die Sonne ist Herrin des Tages, der Mond Herr der Nacht

4. Bei *substantivischem Prädikatsnomen* richtet sich ein *pronominales Subjekt* nach diesem:

ea quidem vis est!	das ist ja Gewalt!
Roma, quod est caput Italiae	Rom, die Hauptstadt Italiens
Aber: quid est amicitia?	was ist Freundschaft? (als Begriff)

5. Bilden *Personen verschiedenen Geschlechts* das Subjekt, so steht das adjektivische Prädikatsnomen im Maskulinum:

pater et mater mortui sunt	Vater und Mutter sind tot

6. Bilden *Gegenstände verschiedenen Geschlechts* oder *eine Verbindung von Personen und Gegenständen* das Subjekt, so richtet sich das Prädikatsnomen nach dem zunächststehenden Subjekt oder steht im Neutrum Pluralis:

populi provinciaeque liberatae (oder liberata) sunt	Völker und Provinzen wurden befreit

---

[1]) Bei senatus populusque iussit „Senat und Volk haben befohlen" steht das Prädikat im Singular, weil senatus populusque als Einheit gelten. – Bei multa milia librorum deleti sunt „viele Tausende von Büchern wurden vernichtet" steht das Prädikatsnomen im Maskulinum, weil das Subjekt grammatisch zwar milia, dem Sinne nach aber multi libri ist.

7. Sind *Personalpronomina verschiedener Personen* Subjekt, so gibt für das Prädikat die 1. Person vor der 2. und 3., die 2. Person vor der 3. den Ausschlag:

si tu et mater valetis, bene est; ego et frater valemus	wenn du und die Mutter gesund seid, ist's gut; ich und mein Bruder sind gesund

Satzerweiterungen

§ 49

Erweiterungen des einfachen Satzes erfolgen

1. *beim Prädikat* und allen Verbalformen durch

a) **Objekte**[1]) (Erweiterungen): Nomina, Pronomina, Zahlwörter, Infinitive bzw. a.c.i., ein Nebensatz.

α) im Akkusativ (*nähere Objekte*):

vivos voco	ich rufe die Lebenden
volo laborare	ich will arbeiten
volo te laborare	ich will, daß du arbeitest
probo, quae facitis (= facta vestra)	ich billige, was ihr tut (= eure Taten)

β) im Genetiv oder Dativ (*entferntere Objekte*):

tui meminero	ich werde deiner gedenken
tibi confido	ich vertraue dir

γ) mit Präposition:

nunquam desperabo de salute	niemals werde ich an der Rettung verzweifeln

b) **Adverbiale (Umstands-) Bestimmungen,** d. h. Adverbia oder Nomina (oft mit Präposition) im Abl., Akk. oder Dat. zur Bezeichnung des Ortes, der Zeit, des Grundes, der Begleitung, des Mittels, der Art und Weise, des Zweckes u. a.

eo (in Italiam) imus	wir gehen dorthin (nach Italien)
inde (ex Italia) venimus	wir kommen von dort (aus Italien)
ibi (in Italia) manemus	wir bleiben dort (in Italien)
hoc die (cras) veniam	ich werde heute (morgen) kommen
(per) multos dies manebo	ich werde viele Tage bleiben
donis gaudeo	ich freue mich über Geschenke
legatus omnibus copiis ex hibernis excessit	der Feldherr verließ mit allen Truppen die Winterquartiere
verbis contendimus	wir streiten mit Worten
constanter (aequo animo) res adversas tolerabimus	wir werden das Unglück standhaft (mit Gleichmut) ertragen
libri maximam partem deleti sunt	die Bücher wurden größtenteils vernichtet
hoc mihi laudi est	dies ist mir eine Ehre (vgl. § 69)

2. *beim Subjekt* und allen Substantiven durch § 50

a) **Attribute**[1]) (Beifügungen): Adjektiva, Partizipien, Gerundiva, Pronomina, Pronominaladjektiva, Zahlwörter, ferner Substantiva im gleichen Kasus (Appositio-

[1]) obicere (der Tätigkeit) entgegenstellen; attribuere zuteilen.

nen), im Gen., im Abl. qual. und mit einer Präposition, seltener Adverbien und Substantiva im Dativ. Hierbei stimmt das adjektivische Attribut mit seinem Substantiv im Kasus, Numerus und Genus überein:

via lata	die breite Straße
res gestae	die Taten
ius iurandum	der Eid
hac nocte	in dieser Nacht
aliud iter	ein anderer Weg
decem viri	zehn Männer
a rege Alexandro	vom König Alexander
desiderium pacis	die Sehnsucht nach Frieden
vir magno consilio	ein kluger Mann
otium cum dignitate	ein ehrenvoller Ruhestand
consul iterum	zum zweitenmal Konsul
tresviri rei publicae constituendae (dat. finalis § 69. 103)	das Dreimännerkollegium zur Neuordnung des Staates

b) **Prädikativa:** sie ergänzen als erläuternde, einen Zustand bezeichnende Attribute ein Subjekt oder Objekt und zugleich das verbale Prädikat[1]):

1. Substantiva, die ein *Lebensalter* oder *Amt* bezeichnen

2. Adjektiva, die einen *körperlichen* oder *seelischen Zustand*, eine *Reihenfolge*, einen *Ort* oder eine *Zeit* bezeichnen.

3. Partizipia und Gerundiva (vgl. § 98, 99, 102).

Sie werden erweiternd mit „als" oder durch adverbiale Bestimmungen übersetzt.

1. Cato senex historiam scribere instituit	Kato begann als Greis Geschichte zu schreiben
Cicerone consule (auctore) coniuratio Catilinae oppressa est	unter dem Konsulat (auf Veranlassung) Ciceros wurde die Verschwörung Katilinas unterdrückt
2. patre invito filius rediit	gegen den Willen des Vaters kehrte der Sohn zurück (vgl. § 99)
amicus salvus revertit	der Freund kehrte gesund zurück
postremus dicas, primus taceas!	als letzter sprich, als erster schweige!

Unterscheide:

Prädikativum: summus mons die Spitze des Berges; prima nocte bei Anbruch der Nacht,

Attribut: summus mons der höchste Berg, prima nocte in der ersten Nacht.

Ferner: hanc rem primus (prädikativ: als erster) oder primam (prädikativ: als erste) oder primum (adv. Bestimmung: zum ersten Male) oder primo (adv. Bestimmung: anfangs) oder tibi primo (prädikativ: dir als erstem) narravi = ich habe dir diese Sache zuerst erzählt.

---

[1]) vgl. „fremd (als ein Fremder) kehrt er heim ins Vaterhaus".

legati *maesti* (Adj.) erant	die Gesandten waren traurig (adj. Präd.nomen)
legati *celeriter* (Adv.) redierunt	die Gesandten kehrten schnell (Adv.) zurück
legati *maesti* (Prädikativum) redierunt	Die Gesandten kehrten traurig (Adv.) zurück

Der Lateiner fragt im 1. Fall „wie beschaffen?“, im 2. Fall „wie, in welcher Weise?“, im 3. Fall „als was für welche, in welchem Zustande?“; der Deutsche fragt stets nur „wie?“

3. *bei Adjektiven* durch adverbiale Bestimmungen sowie Ergänzungen im Gen., Dat., Akk., Abl. und präpositionale Ausdrücke: § 51

longe optimus	bei weitem der beste
vir vere Romanus	ein echter Römer
dicendi peritus	redekundig
tibi utilis	dir nützlich
fossa duos passus lata	ein 2 Schritt breiter Graben
adulescens viginti annos natus	ein zwanzigjähriger Jüngling
parvo contentus	mit wenigem zufrieden
paratus ad dicendum	zum Reden bereit

4. *bei Adverbien* durch adverbiale Bestimmungen: § 52

tam celeriter so schnell — multo diutius viel länger

II. Gebrauch der Substantiva im Satz als Satzerweiterungen: Kasuslehre

Die Kasus haben die Funktion (Aufgabe), Beziehungen und Abhängigkeitsverhältnisse im Satz zum Ausdruck zu bringen.

Der Genetiv[1])

auf die Fragen „wessen? was für ein?“

A. Als Attribut und Prädikatsnomen:

1. Der **gen. obiectivus** bezeichnet als Attribut bei Verbalsubstantiven das *Objekt*, auf das sich die Handlung des übergeordneten Substantivs richtet: § 53

studium litterarum	die Beschäftigung mit der Wissenschaft (litteris studemus)
timor Dei	die Gottesfurcht (Deum timemus)

Im Deutschen Präpositionen oder zusammengesetzte Substantiva.

2. Der **gen. subiectivus** bezeichnet als Attribut bei Verbalsubstantiven das *Subjekt*, von dem eine Tätigkeit ausgeht: § 54

amor parentum	die Liebe der Eltern (parentes amant)

[1]) Er bezeichnet urspr. das Genus (die Gattung, Art), dann allgemein den Geltungsbereich seines Beziehungswortes.

§ 55 3. Der **gen. possessivus** bezeichnet den *Eigentümer* sowohl als Attribut als auch als Prädikatsnomen bei esse (fieri) = Eigentum sein (werden), gehören:

domus patris	das Haus des Vaters
haec domus patris (mea) est	dies Haus gehört dem Vater (mir)[1]
dixit librum suum ipsius esse	er sagte, das Buch gehöre ihm selbst

Er steht ferner bei dem *unpersönlichen* interest (refert) = es ist wichtig und bei est = es ist die Eigentümlichkeit, Pflicht oder Aufgabe jemandes, es ist ein Zeichen von etwas, und bei einigen Adjektiven.

eius (aber meā, tuā) interest (refert) respondere	es ist für ihn (mich, dich) wichtig zu antworten
sapientis (oder sapientiae) est	es ist ein Zeichen von Weisheit
eius (aber: meum) est	es ist seine (meine) Pflicht
proprium iuventutis est	es ist der Jugend eigentümlich
dei (oder Dativ deo) sacer	dem Gotte heilig

§ 56 4. Der **gen. qualitatis** (stets mit Attribut) bezeichnet, sowohl als Attribut als auch bei esse als Prädikatsnomen, eine *Eigenschaft*, besonders bei Zahl- und Artangaben[2]):

puer decem annorum	ein zehnjähriger Junge
eius modi erat consilium	der Rat war derart

§ 57 5. Bei den Verben des Schätzens und Wertseins steht der *allgemeine* und *vergleichende Wert* als Prädikatsnomen im **gen. pretii:** putare, aestimare, habere, ducere, facere schätzen; esse, fieri gelten, wert sein; aber bei den Verben des Kostens (esse, constare), Kaufens (emere kaufen) und Verkaufens (vēndere verkaufen, vēnire verkauft werden) steht nur der *vergleichende Preis* im gen. pretii (vgl. § 81).

magni	hoch, viel	*pluris*	höher, mehr, teurer	plurimi	sehr hoch (viel)
parvi	gering, wenig	*minoris*	geringer, weniger, billiger	minimi	sehr gering (wenig)
tanti	so hoch, so teuer	*quanti*	wie hoch, wie teuer	nihili	gar nicht

quanti quisque se ipse facit, tanti fit ab aliis	wie hoch jeder sich selbst einschätzt, so viel gilt er bei anderen
mercatores merces minoris emunt, pluris vendunt (non tanti emunt, quanti vendunt)	die Kaufleute kaufen die Waren billiger ein und verkaufen sie teurer (kaufen sie nicht so teuer ein, wie sie sie verkaufen)

6. Der **gen. rei** (des *Inhalts*):

§ 58 a) Der **gen. explicativus** bezeichnet als Attribut den *begrifflichen Inhalt:*

nomen Scipionis	der Name „Scipio"
poena mortis	die Todesstrafe

§ 59 b) Der **gen. materiae** bezeichnet als Attribut einen *stofflichen Inhalt:*

montes auri	Berge von Gold
copia frumenti	der Getreidevorrat

---

[1]) Die Betonung liegt auf dem Eigentümer, vgl.: gebt dem Kaiser, was des Kaisers ist! Unterscheide: puer putat hunc librum suum esse der Knabe glaubt, ihm gehöre das Buch; sed hic liber eius non est aber dieses Buch gehört ihm nicht, vgl. § 67.

[2]) Vgl.: ein Stern ersten Ranges; wir sind eines Sinnes.

c) Der **gen. partitivus** bezeichnet als Attribut das *Ganze* gegenüber einem Teil, besonders bei Zahl- und Maßangaben, Komparativen, Superlativen, Pronomina und Ortsadverbien. (Er kann durch de, ex, inter ersetzt werden, z. B. primus inter pares erster unter gleichen.) § 60

duo milia hominum	2000 Mann
copia (satis, parum) frumenti	eine Menge (genug, zu wenig) Getreide
maior (maximus) puerorum	der größere (größte) von den Jungen
quis (nemo) vestrum (gen. part. von vos)	wer (niemand) von euch
aliquid (nihil) novi	etwas (nichts) Neues
ubi terrarum?	wo in aller Welt?

B. Als Objekt oder Ergänzung:

I. Bei Verben:

1. Bei *„sich erinnern"* und *„vergessen"* steht das Objekt im **gen. obiectivus** (bei Sachen auch, beim Neutrum eines Pronomens immer im Akk.): § 61

meminerimus (reminiscemur, non obliviscemur) maiorum oder beneficiorum (beneficia, illud)	wir werden der Vorfahren (Wohltaten, jenes Umstandes) gedenken [die V. (W., dies) nicht vergessen][1].
Aber: 1. recordari preces (aliquem, de aliquo)	sich an die Bitten (an jemanden) erinnern
2. admonere aliquem de officio (officii, aliquid)	jemanden an seine Pflicht (an etwas) erinnern

2. Bei den Verben des *gerichtlichen Verfahrens* (arguere beschuldigen, accusare anklagen, convincere überführen, damnare verurteilen, absolvere freisprechen, multare bestrafen) steht die Schuld im **gen. obiectivus,** die Strafe im Abl., der Angeklagte im Akkusativ. § 62

iudices reum caedis absolverunt (exsilio multaverunt)	die Richter sprachen den Angeklagten vom Morde frei (bestraften d. A. mit Verbannung)
Aber: capitis accusare	auf Tod und Leben anklagen
capitis damnare	zum Tode verurteilen
capitis absolvere	von der Todesstrafe freisprechen

3. Bei den unpersönlichen *Ausdrücken der Empfindung* steht die empfindende Person im Akk., der Grund der Empfindung im **gen. obiectivus:** § 63

me paenitet consilii	ich bereue meinen Entschluß
me miseret vestri	ich habe mit euch Mitleid

II. Bei Verbaladjektiven[2]) und Partizipien des Präs. Akt., die eine dauernde Eigenschaft ausdrücken, als **gen. obiectivus,** besonders bei: begierig, kundig, eingedenk, teilhaftig, mächtig, voll u. ä. (in einer Funktion zwischen Objekt und Attribut): § 64

---

[1]) Vgl.: gedenke meiner! vergiß mein nicht!

[2]) Aus dem altlat. Gebrauch der Verba cupere, complere, egere mit dem Genetiv abgeleitet.

cupidus honoris	ehrgeizig
studiosus litterarum	wissensdurstig
imperitus (inscius) dicendi	unerfahren im Reden
memor vestri (gen. von vos)	euer gedenkend
rationis particeps (expers)	(der Vernunft [un]teilhaftig), (un)vernünftig
compos (impotens) sui	seiner (nicht) mächtig
plenus timoris	voll Furcht
insuetus (fugiens) laboris	arbeitsscheu
patris (oder patri) similis	dem Vater ähnlich

Der Dativ[1])

A. Der *eigentliche Dativ* steht als Objekt

§ 65 1. auf die Frage „wem?" bei *intransitiven Verben*[2]). Dazu gehören, abweichend vom Deutschen, auch folgende:

lat.: intransitiv	intransit. Hilfsübersetzung	deutsch: transitiv
persuadere civibus	den Bürgern durchaus angenehm machen	die Bürger überreden (überzeugen)
parcere urbi	der Stadt Schonung gewähren	die Stadt schonen
studere litteris	der Wissenschaft sich widmen	die Wissenschaft betreiben
favere nobilitati	dem Adel Gunst erweisen	den Adel begünstigen
invidere fratri	dem Bruder scheel zusehen	den Bruder beneiden
nubere viro	sich einem Manne vermählen	einen Mann heiraten
mederi morbo	der Krankheit abhelfen	die Krankheit heilen

Intransitive Verben bilden ein unpersönliches Passiv:

mihi persuasum est	ich wurde (bin) überzeugt
liberis temperatum est	die Kinder wurden geschont
multi divitiis Crassi invidebant	viele beneideten Krassus um seinen Reichtum

Der Dativ steht auch oft bei Komposita mit ad, de, inter, prae: amico adesse dem Freunde helfen, officio deesse seine Pflicht vernachlässigen, ludis interesse an den Spielen teilnehmen, aliis praestare die anderen übertreffen, exercitui praeficere an die Spitze eines Heeres stellen.

§ 66 2. zur Bezeichnung der *beteiligten Person oder Sache* **(dat. commodi)** auf die Frage „für wen? wofür?"

Er steht sowohl bei Adjektiven wie aptus, idoneus geeignet, necessarius notwendig, utilis nützlich als auch bei Verben:

non scholae, sed vitae discimus — nicht für die Schule, für das Leben lernen wir

[1]) Von dare geben, zur Bezeichnung des entfernteren Objekts.

[2]) Verben, die den Akkusativ regieren und ein persönliches Passiv haben, heißen transitiv, die anderen intransitiv (transire: die Handlung geht vom Subjekt auf ein Objekt über).

Manche Verben haben je nach ihrer Bedeutung den *Dativ oder Akkusativ* nach sich:

consulere civibus	für seine Mitbürger sorgen
consulere medicum	den Arzt um Rat fragen
prospicere, providere frumento	für Getreide sorgen
prospicere, providere calamitatem (frumentum)	ein Unglück voraussehen (Getreide beschaffen)
timere rebus suis	um seine Habe besorgt sein
timere periculum	eine Gefahr fürchten

Zusatz

für = „zum Schutze, anstatt, entsprechend, im Verhältnis zu" heißt pro b. Abl.:

pro patria	für das Vaterland
unus pro omnibus dixit	einer sprach für alle
pro viribus	nach Kräften

3. zur Bezeichnung des *Besitzers* (**dat. possessoris**) bei esse = haben, besitzen[1]): **§ 67**

Scipioni cognomen erat Africanus (auch Africano, bezogen auf Scipioni)	Scipio hatte den Beinamen Afrikanus

Den Besitz körperlicher oder geistiger *Eigenschaften* gibt der abl. qual. wieder (§ 85).

4. zur Bezeichnung der *handelnden Person beim Passiv*, besonders beim Gerundivum (**dat. auctoris**) statt a beim Abl.: **§ 68**

centum pagi Suebis habitantur	100 Gaue werden von den Sueben bewohnt
patria mihi amata	das von mir geliebte Vaterland
liber mihi legendus (non) est	ich muß (darf nicht) das Buch lesen

B. Der *Dativ als adverbiale Bestimmung des Zwecks oder der Wirkung* (**dat. finalis**)[2]) auf die Frage „wozu?" steht **§ 69**

1. bei esse = gereichen zu, dienen zu, z. B.: argumento esse als Beweis dienen, curae esse zur Sorge gereichen, Sorge machen, detrimento esse schaden:

cui bono est?	wem dient es zum Vorteil?

2. bei dare, tribuere anrechnen als: crimini dare zum Vorwurf machen

3. bei mittere schicken, dare geben, relinquere zurücklassen, venire kommen, dicere ansagen, constituere festsetzen:

sociis auxilio veniamus!	wir wollen den Bundesgenossen zu Hilfe kommen!
dies colloquio constitutus est	ein Tag wurde für die Unterredung festgesetzt

---

[1]) Die Betonung liegt auf dem Besitz. Unterscheide also: patri domus est der Vater besitzt ein *Haus* und haec domus patris est dies Haus gehört dem *Vater* (vgl. § 55).

[2]) Ein Dativ des Zweckes ist auch das Supinum II (vgl. § 97) und die Gerundivkonstruktion decemviri legibus scribendis (vgl. § 103).

 Der Akkusativ[1])

A. Adverbiale Bestimmungen im Akkusativ

1. Im **Akkusativ des Zieles** auf die Frage „wohin?" stehen

a) Städtenamen, z. B. Romam nach Rom; ebenso domum nach Hause, rus aufs Land. *Sonst steht* in, ad, sub *beim Akk.*, z. B. in Siciliam nach Sizilien, ad urbem Athenas nach der Stadt Athen; sub dicionem redigere unter die Botmäßigkeit bringen:

Romam, in caput Italiae, proficiscimur	wir begeben uns nach Rom, der Hauptstadt Italiens.

b) Auf die Frage „wohin?" (im Deutschen: wo?) stehen Ortsbezeichnungen bei den Verben:

abdo, cogo, contraho,
concurro, ad-, convenio,
appello sowie nuntio.

in silvam se abdere	sich im Walde verbergen
Romam cogere (contrahere)	in Rom zusammenziehen
in forum concurrere	auf dem Markt zusammenlaufen
domum (ad-,) convenire	zu Hause (an-,) zusammenkommen
ad Siciliam appellere (erg. naves)	in Sizilien landen
in urbem nuntiare	in der Stadt melden

c) Auf die Frage „wohin?" und „wozu?" steht das Supinum I auf -um nach Verben der *Bewegung*:

servi aquatum missi sunt	die Sklaven wurden zum Wasserholen geschickt

2. Der **Akkusativ der Ausdehnung** in Zeit und Raum steht auf die Fragen:

wie alt, wie lange, wie lang, wie breit,
wie hoch, wie tief und auch wie weit?

viginti annos natus	20 Jahre alt
(per) multos dies	viele Tage lang
fossa multos passus longa, lata, alta erat bzw. aberat	der Graben war viele Schritte lang, breit, tief bzw. entfernt

3. Als **adverbiale Bestimmung der Art und Weise** gibt der Akk. des Neutr. Sing. eines Adj. oder Pron., seltener eines Subst. allgemeine Maßbestimmungen:
multum valere viel Macht haben magnam partem großenteils
nihil nicht im geringsten (vgl. statim sogleich, coram persönlich, iterum wiederum).

4. Der Akkusativ bezeichnet auch eine **Beziehung:**

feminae nudae lacertos sunt	die Frauen sind an den Armen unbekleidet, haben bloße Arme

---

[1]) Ursprünglich Bezeichnung der Richtung.

B. Der Akkusativ des näheren Objekts steht

1. bei *transitiven*[1]) Verben auf die Frage „wen oder was?". Hierzu gehören, abweichend vom Deutschen, auch folgende:

lat.: transitiv	transitive Hilfsübersetzung	deutsch: intransitiv
adaequare patrem	den Vater erreichen	dem Vater gleichkommen
(ad)iuvare amicum	den Freund unterstützen	dem Freunde helfen
sequi dominum	den Herrn begleiten	dem Herrn folgen
(ef)fugere mortem	den Tod vermeiden	dem Tode entrinnen
ulcisci iniuriam	das Unrecht rächen	sich für das Unrecht rächen
ulcisci inimicum (pro iniuria)	den Feind bestrafen (für ein Unrecht)	sich am Feinde rächen (für ein Unrecht)

Transitive Verben bilden ein persönliches Passiv:

iuvor	(ich werde unterstützt) mir wird geholfen
iuvamini	(ihr werdet unterstützt) euch wird geholfen
iuti sunt	(sie wurden unterstützt) ihnen wurde geholfen

Komposita mit circum, praeter, trans (oft auch ad, ob, in, per) sind im Lateinischen transitiv:

obire periculum	sich einer Gefahr aussetzen
transire (traducere) flumen	über einen Fluß gehen (führen)

Unterscheide:

petere consulatum	sich um das Konsulat bewerben
petere urbem	in die Stadt eilen
petere aliquem	jemanden angreifen
petere aliquid ab aliquo	etwas von jem. erstreben = jem. um etwas bitten
quaerere aliquem	jemanden suchen
quaerere aliquid ex aliquo	etwas von jem. zu erfahren suchen = jem. fragen

Ferner:

vires me deficiunt	mir schwinden die Kräfte (= verlassen mich)
deficere animo	den Mut sinken lassen (= es fehlen lassen an, abl. sep.)
deficere ab aliquo	von jem. abfallen

Merke:

cave canem (a periculis)!	Hüte dich vor dem Hunde (vor Gefahren)!
desperare salutem (de salute)	an der Rettung verzweifeln
horrere crudelitatem	vor der Grausamkeit zurückschrecken

2. bei *unpersönlichen Verben:*

   me decet (es ziert mich) es ziemt sich für mich; me fallit (fugit) (es täuscht mich) es entgeht mir.

---

[1]) Bei Auslassung eines Akkusativobjektes erscheinen transitive Verben bisweilen als intransitiv: appellere landen, solvere absegeln (sc. naves).

3. Der *Akkusativ des Neutr. eines Pronomens* bei sonst anders ergänzten Verben:

id studeo	danach strebe ich
id non dubito	daran zweifle ich nicht
illud glorior	dessen rühme ich mich
hoc laetor (gaudeo)	darüber freue ich mich
quid te (inter-)rogavi?	wonach habe ich dich gefragt?
illud te oro (rogo)	darum bitte ich dich

§ 72 4. Der **doppelte Akkusativ** (im Passiv der doppelte Nominativ) des Objekts und des Prädikatsnomens steht bei: facere, reddere machen zu; creare, deligere wählen zu; putare, existimare, habere, ducere halten für; appellare, nominare, vocare nennen; dicere ernennen zu; se praebere, se praestare (letzteres nur lobend) sich zeigen als.

Romani Sullam dictatorem dixerunt	die Römer ernannten Sulla zum Diktator
Sulla a Romanis dictator dictus est	Sulla wurde von den Römern zum Diktator ernannt.

Merke: certiorem facio aliquem (Passiv certior fio) alicuius rei oder de aliqua re ich benachrichtige jemanden von (über) etwas.

5. Der **doppelte Akkusativ** der Person und Sache steht bei: docere lehren, celare verheimlichen und poscere, flagitare fordern. Im Passiv wird nur der Akk. der Person zum Nominativ: linguam Latinam te doceo ich lehre dich die lateinische Sprache; dux milites periculum celat der Feldherr verheimlicht den Soldaten die Gefahr; aber: milites de periculo celantur man verheimlicht den Soldaten die Gefahr.

Der Ablativ[1])

§ 73 A. Der **ablativus separativus** auf die Frage „woher, wovon?" bezeichnet den Gegenstand, von dem etwas getrennt wird. Er findet sich

1. in *Städtenamen,* z. B. Roma aus Rom, ebenso domo von Hause, rure vom Lande. *Sonst steht* ex, a, de *b. Abl.,* z. B. ex Sicilia aus Sizilien, ab urbe Athenis von der Stadt Athen, de monte vom Berge herab:

Roma, ex capite Italiae, revertimur	wir kehren aus Rom, der Hauptstadt Italiens, zurück.

2. bei *Verben und Adjektiven der Trennung* (oft mit ex, a, de, *bei Personen immer mit* a *b. Abl.*):

arcere, prohibere (ab) iniuria	von Unrecht fernhalten
loco cedere	vom Platze weichen
desistere, abstinere (a) conatu	von einem Versuch abstehen
commeatu intercludere	von der Zufuhr abschneiden.

[1]) Im Ablativ (von auferre, abstuli, ablatum wegnehmen, trennen) ist der urspr. Kasus der Trennung (Separativus) mit einem alten Kasus der Lage (Locativus) und der Gemeinschaft (Sociativus) verschmolzen. Er ist also der Kasus der adverbialen Bestimmungen des Verbums und des Adjektivs. Nur der abl. qual. wird nicht adverbial, sondern als Attribut und Prädikatsnomen gebraucht.

Bei privare berauben, carere nicht haben, egere nötig haben, liberare befreien, vacare frei sein, liber, vacuus frei steht meist der *bloße Ablativ* (aber stets liberare a tyranno). Bei abesse entfernt sein, separare trennen, differre sich unterscheiden, defendere, tueri schützen, tutus sicher steht meist a *b. Abl.*

Ebenso: a tergo im Rücken, a fronte vorn, a latere in der Flanke, ex omnibus partibus auf allen Seiten, magna ex parte großenteils, e contrario im Gegenteil.

3. als **abl. originis** zur Bezeichnung der *Herkunft* bei natus und ortus (auch mit ex oder a b. Abl.): nobili genere (loco) natus (ortus) aus edlem Geschlecht stammend. **§ 74**

4. als **abl. comparationis** zur Bezeichnung des *Vergleichs* nach Komparativen (statt quam mit Nom. oder Akk.) auf die Frage „im Vergleich wozu?": **§ 75**

filius patre maior erat	der Sohn war größer als der Vater (eigentlich: vom Vater her betrachtet).

Nach plus, amplius und minus wird bei Zahl- und Maßbestimmungen quam oft weggelassen: plus (minus) mille cives mehr (weniger) als 1000 Bürger.

B. Der **ablativus locativus** bezeichnet die örtliche oder zeitliche Lage.

1. Im Ablativ des *Ortes* (**abl. loci**) auf die Frage „wo?" stehen **§ 76**
Städtenamen, z. B. Athenis in Athen. *Singularische Städtenamen* der 1. und 2. Deklination haben noch die alte Lokativform auf -i, z. B. Romae (aus *Romai) in Rom, Corinthi in Korinth; ebenso domi[1]) zu Hause, ruri auf dem Lande, humi auf dem Erdboden, domi bellique in Krieg und Frieden (vgl. ibi dort, ubi wo).

Ferner findet er sich bei Ortsbestimmungen mit *totus,* z. B. totā urbe in der ganzen Stadt, und bei *locus* mit Attribut, z. B. iniquō locō an ungünstigem Orte.

Sonst steht in *oder* sub *b. Abl.,* z. B. in Sicilia in Sizilien, in urbe Athenis in der Stadt Athen, sub monte am Fuße des Berges:

Romae, in capite Italiae, sumus wir sind in Rom, der Hauptstadt Italiens.

Auf die Frage „wo" (im Deutschen: wohin?) stehen Ortsbezeichnungen bei den *Verben des Setzens, Stellens und Legens*: pono, loco, colloco, statuo, constituo, consisto und consido:

poculum in mensa ponere	den Becher auf den Tisch setzen (stellen, legen)
in foro consistere	sich auf den Markt stellen
in sella considere	sich auf den Stuhl setzen

2. Der Ablativ der *Zeit* (**abl. temporis**) steht auf die Frage „wann? innerhalb welcher Zeit?": **§ 77**

vere im Frühling; nocte nachts; paucis diebus innerhalb weniger Tage

Mit alter Lokativendung:	vesperi (neben vespere) am Abend (vgl. § 17.4); heri gestern.

Unechte Zeitbegriffe werden nur, wenn sie von einem Attribut begleitet werden, temporal, sonst lokal aufgefaßt:

---

[1]) domi verbindet sich auch mit einem besitzanzeigenden Attribut, z. B. domi meae; aber in illa domo.

bello Punico secundo	im 2. Punischen Krieg, aber: in bello im Kriege
prima pueritia	in frühester Kindheit, aber: in senectute im Alter

Merke: initio anfangs, in tempore zur rechten Zeit

C. Der Ablativ des Mittels (**abl. instrumenti**) und der Begleitung (**abl. sociativus**).

§ 78 1. Der **abl. instrumenti** auf die Frage „womit? wodurch?" bezeichnet das *Mittel* oder *Werkzeug*[1]). Er steht

a) besonders bei *Verben der Fülle und Ausstattung* und bei den *Adjektiva dignus* würdig und *assuetus* gewöhnt an: vino complere mit Wein füllen; afficere honore ehren; afficere supplicio hinrichten

b) bei den *Deponentien utor, fruor, fungor, potior* und bei *mihi opus est* (im Deutschen steht ein Objekt):

occasione uti	die Gelegenheit benutzen (Gebrauch machen von)
pace frui	den Frieden genießen (Genuß haben von)
magistratu fungi	ein Amt verwalten (sich beschäftigen mit)
agro potiri[2])	sich des Ackers bemächtigen (Besitz ergreifen von)
mihi auxilio opus est	ich brauche Hilfe (mir ist Bedarf an)
aber: multa mihi opus sunt	ich habe vieles nötig

c) bei im Deutschen *lokal* gebrauchten Ausdrücken:

castris se tenere	sich im Lager halten
via Appia proficisci	auf der appischen Straße reisen
memoria tenere	im Gedächtnis halten

§ 79 d) als **abl. causae** zur Bezeichnung des *Grundes* auf die Frage „worüber? weswegen?" bei *Verben der Gemütsbewegung* und den Adjektiven *contentus* zufrieden und *fretus* (*confisus*) im Vertrauen auf:

calamitate dolere (maerere)	über ein Unglück trauern
timore adductus (commotus, perterritus)	aus Furcht
ebenso: iussu	auf Befehl
quare?	weshalb?

§ 80 e) als **abl. mensurae** zur Bezeichnung des *Maßes* auf die Frage „um wieviel?":

quo maior, eo melior	je größer, desto besser
multo ante (post)	viel früher (später)

§ 81 f) als **abl. pretii** zur Bezeichnung des *Preises* auf die Frage „wie teuer?":

tribus talentis, magno, plurimo, parvo, minimo emere (vēndere, vēnire)	für drei Talente, teuer, sehr teuer, billig, sehr billig kaufen (verkaufen, verkauft werden)

---

[1]) Die Mittelsperson steht mit per b. Akk., der Urheber beim Passiv mit a b. Abl.:
per nuntium (aber litteris) ab amico certior factus sum — ich wurde vom Freunde durch einen Boten (Brief) benachrichtigt

[2]) aber: rerum potiri sich der Herrschaft bemächtigen.

magno esse (constare) — viel kosten
mercede conducere — für Sold anwerben

Nur der *vergleichende Preis* steht im gen. pretii: pluris teurer, tanti so teuer (vgl. § 57).

g) der **abl. limitationis** zur Bezeichnung des *Geltungsbereichs* auf die Frage „in welcher Beziehung?" oder (separativ) „von welchem Standpunkt aus?": **§ 82**

Maecenas natione Etruscus erat — Mäzenas war der Abstammung nach Etrusker

Merke: maior natu älter (aber Cato Maior Kato der Ältere); nomine namens; meā sententiā nach meiner Ansicht.

2. Der **abl. sociativus** auf die Frage „mit wem? womit?" bezeichnet eine *Begleitung* oder einen *begleitenden Umstand* **§ 83**

a) nur bei *allgemeinen* Truppenbezeichnungen (sonst steht cum b. Abl.):

legatus omnibus copiis (aber cum paucis equitibus) profectus est — der Feldherr brach mit allen Truppen (mit wenigen Reitern) auf

b) als **abl. modi** zur Bezeichnung der *Art und Weise* auf die Frage „wie?" (sonst Adverb, z. B. celeriter schnell): **§ 84**

hoc modo (hac ratione)	auf diese Weise	iure	mit Recht
eo consilio	in der Absicht	vi (auch per vim)	mit Gewalt
aequo animo	mit Gleichmut	nullo negotio	ohne Schwierigkeit

Gewöhnlich steht, wenn der Ablativ kein Attribut hat, cum b. Abl., z. B. cum voluptate mit Vergnügen, multis cum lacrimis unter vielen Tränen.

c) als **abl. qualitatis** (stets mit Attribut) zur Bezeichnung *geistiger und körperlicher Eigenschaften* auf die Frage, „von welcher Art?". **§ 85**

Dieser Ablativ wird als einziger nicht adverbial, sondern als Attribut (im Deutschen am besten durch ein Adjektiv übersetzt) und als Prädikatsnomen gebraucht (vgl. § 56).

Attr.: vir magno ingenio — ein geistreicher Mann (*besser als*: ein Mann von [mit] großem Geist)

Präd.[1]): Horatius parva statura erat — Horaz besaß eine kleine Gestalt

Präpositionen **§ 86**

Vorbemerkung: Um die mannigfaltigen Beziehungen zwischen den Dingen auszudrücken, traten schon früh Adverbien (post hinten, nachher) und Partizipien (trans eintretend) oder adverbial gebrauchte Kasus (circum im Kreise) zu den Verben und den Kasus der Nomina in feste Verbindungen. Mit den ersteren verwuchsen sie zu den Komposita (z. B. antecedere vorangehen), bei letzteren wurden sie zu Präpositionen (z. B. paucis ante diebus wenige Tage vorher > ante paucos dies vor wenigen Tagen). Zwar standen sie urspr. hinter dem Nomen, wie wir es noch bei mecum mit mir

---

[1]) Vgl. deutsch: er war bei Besinnung.

und honoris causa (gratia)[1]) der Ehrung wegen beobachten[2]), doch wurde später die Stellung vor dem Nomen die Regel. Die meisten, besonders die jüngeren, stehen beim Akkusativ.

Man gebraucht die Präpositionen teils *örtlich*, teils *zeitlich*, teils *übertragen.*

§ 87 1. Präpositionen beim Akkusativ

ad	= (bis) zu, bei, an, gemäß	ad urbem venire ad lacum ad diem constitutam ad unum omnes ad lucem ad duo milia hominum ad voluntatem	zur Stadt kommen am See, an den See bis zum festgesetzten Termin alle bis auf den letzten Mann gegen (etwa bei) Tagesanbruch an (gegen) 2000 Mann nach Wunsch, wunschgemäß
adversus	= gegen – hin, gegen	adversus montem adversus finitimos	gegen den Berg hin, dem Berg gegenüber gegen die Nachbarn
ante	= vor	ante portas ante lucem	vor den Toren (*mit dem Gesicht zugewandt*) vor Tagesanbruch
apud	= bei	apud omnes	bei allen
circa, circum	= um, um – herum	circa (circum) urbem circa horam nonam circa sescentos	um die Stadt herum, nahe bei der Stadt um die 9. Stunde gegen (etwa) 600
circiter	= (ungefähr) (um)	circiter meridiem	ungefähr um Mittag
cis, citra	= diesseits	citra Alpes	diesseits der Alpen
contra	= gegenüber, gegen (feindlich)	contra urbem contra naturam	gegenüber der Stadt wider die Natur
erga	= gegen (freundlich)	erga parentes	gegen die Eltern
extra	= außerhalb	extra muros extra ordinem	außerhalb der Mauern außer(halb) der Reihe
infra	= unterhalb, unter	infra caelum	unter dem Himmel
inter	= zwischen, unter	inter urbem et flumen inter duos annos inter se	zwischen Stadt und Fluß während zweier Jahre, binnen zwei Jahren untereinander
intra	= innerhalb	intra muros intra tot annos	innerhalb der Mauern in so vielen Jahren
iuxta	= neben, nahe bei	iuxta focum	neben dem Herde
ob	= wegen	ob eam rem	deswegen
penes	= bei, in der Hand	penes patrem	in der Hand des Vaters

[1]) Wie causa und gratia alte Substantiva im abl. causae sind, gingen auch im Deutschen viele Präpositionen aus urspr. Substantiven hervor, z. B. anstatt, vermittels, trotz.

[2]) Vgl. deutsch: bergwärts, umständehalber.

per	= durch, hindurch	per Italiam per multos annos per nuntios per vim per deos immortales!	durch Italien, in ganz Italien viele Jahre hindurch durch Boten mit Gewalt bei den unsterblichen Göttern!
post	= hinter, nach	post tergum post mortem	im (hinter dem) Rücken nach dem Tode
praeter	= vorbei an, über – hinaus, vor, außer	praeter oram praeter spem praeter ceteros praeter unum omnes	an der Küste vorbei wider Erwarten vor allen anderen alle außer einem
prope	= nahe bei	prope domum	nahe beim Hause
propter	= wegen	propter inopiam	wegen des Mangels
secundum	= längs, gemäß, nächst	secundum flumen secundum naturam secundum patrem	längs des Flusses naturgemäß nächst dem Vater (*an Rang*)
super	= über, oben	super collem	über (oben auf) dem Hügel
supra	= oberhalb, über – hinaus	supra pontem supra vires	oberhalb der Brücke über die Kräfte hinaus
trans	= jenseits, über – hinüber	trans Rhenum	jenseits des Rheins, über den Rhein
ultra	= jenseits, über – hinaus	ultra montes ultra mortem	jenseits der Berge über den Tod hinaus

2. Präpositionen beim Ablativ[1]) § 88

ab, a (vor t auch **abs**) = von, von her	ab urbe a tergo ab urbe condita a pueris ab hostibus defendere (tueri) ab aliis laudari a rege stare	von der Stadt her im Rücken seit (nach) Gründung der Stadt von Kindheit an gegen die Feinde verteidigen (vor den Feinden schützen) von andern gelobt werden auf der Seite des Königs stehen
cum = mit	cum amicis cum hostibus dimicare multis cum lacrimis	zusammen mit den Freunden gegen die Feinde kämpfen unter vielen Tränen (*begleit. Nebenumstand*)
de = von – herab, über	de muro de condicionibus agere de salute dubitare (desperare) de maioribus admonere de pace legatos mittere	von der Mauer herab über die Bedingungen verhandeln an der Rettung zweifeln (verzweifeln) an die Vorfahren erinnern wegen des Friedensschlusses Gesandte schicken

[1]) Den Ablativ hat ab, ex, de, cum und sine, pro und prae.

	de patria bene mereri	sich um das Vaterland verdient machen
	de victoria certiorem facere	von dem Siege benachrichtigen
	de improviso	unversehens
	ea de causa	aus diesem Grunde
ex, e = aus	ex urbe	aus der Stadt
	ex omnibus partibus	von (auf) allen Seiten
	ex illo die	seit jenem Tage
	ex senatus consulto	auf Senatsbeschluß
	unus ex omnibus	einer von allen
	magna ex parte	zum großen Teil, großenteils
	ex usu	zum Nutzen
prae = vor	prae se ferre	(vor sich her tragen) zur Schau tragen
	prae lacrimis	vor Tränen
pro = vor, für (aus prod)	pro porta	vor dem Tore (*mit dem Tor im Rükken*), zum Schutz des Tores
	pro patria	für das Vaterland (zum Wohl des V.)
	pro consule	an Stelle eines Konsuls
	pro meritis	für Verdienst (als Entgelt)
	pro viribus	nach Kräften (im Verhältnis zu, entsprechend)
sine = ohne	sine ulla spe	ohne alle Hoffnung

§ 89 3. Präpositionen beim Akkusativ (wohin)? und Ablativ (wo?)

beim Akkusativ		beim Ablativ	
in = in, auf, nach, an, gegen	in urbem in die Stadt in Graeciam nach Griechenland in montem ire auf den Berg gehen in diem certam auf einen bestimmten Termin in dies von Tag zu Tag in perpetuum für immer in tyrannos gegen die Tyrannen	**in** = in, an, auf	in urbe in der Stadt in Graecia in Griechenland in monte esse auf dem Berge sein in consulatu während des Konsulats in legendo beim Lesen in tempore zur rechten Zeit in his unter diesen
sub = unter	sub murum unter die Mauer, nahe an die Mauer heran sub vesperum gegen Abend sub dicionem redigere unter die Botmäßigkeit bringen	**sub** = unter	sub monte unten am Berge, am Fuß des Berges sub adventu gerade bei der Ankunft sub dicione esse unter der Botmäßigkeit stehen

§ 90 *Hinter* einem Substantiv im *Genetiv* oder einem Possessivpronomen stehen als Präpositionen die Ablative **causa** und **gratia** = wegen, um – willen:

honoris causa	um der Ehrung willen (*final, nicht kausal*)
mea gratia	mir zuliebe, meinetwegen

III. Gebrauch der Verben im Satz

1. Nominalformen des Verbums (verbum infinitum)

Infinitiv **§ 91**

Der *deutsche Infinitiv* kann auch als ein deklinierbares Substantiv sächlichen Geschlechts gebraucht und durch Attribute erweitert werden.
Der *lateinische Infinitiv* ist ein Neutrum im Nominativ oder Akkusativ, behält seine verbale Natur und kann daher nicht nur Aktiv und Passiv sowie Gegenwart, Vergangenheit und Zukunft zum Ausdruck bringen, sondern auch durch Objekte und Adverbien erweitert werden:

libros diligenter legere utile est — das sorgfältige Lesen der Bücher ist nützlich

Die Deklinationsformen des Infinitivs werden durch das Gerundium ersetzt (vgl. § 103):

libros diligenter legendo discimus — durch sorgfältiges Lesen von Büchern lernen wir

Der **bloße Infinitiv** steht (wie im Deutschen) **§ 92**

als Subjekt, besonders bei *unpersönlichen Ausdrücken,*

und als Objekt, besonders nach *Verben des Wollens, Könnens, Müssens, Anfangens, Aufhörens und Gewohntseins.*

Gehört zum Infinitiv ein Prädikatsnomen, so steht das Substantiv oder Adjektiv im Kasus seines Beziehungswortes oder, wenn dieses fehlt, im Akkusativ des Maskulinums.

Inf. als Subjekt:

irasci (iratos esse) iudices non decet	es ziemt sich für Richter nicht, zornig zu sein
oportet iustum esse	es gehört sich, gerecht zu sein

Inf. als Objekt:

in animo habeo (debeo, consuevi) laborare (probus esse)[1]	ich beabsichtige (muß, bin gewohnt) zu arbeiten (rechtschaffen zu sein)

Ist bei den genannten Verben das Subjekt des Infinitivs ein anderes als das des übergeordneten Verbs, so steht der a.c.i. (s. u.):

volo vos laborare (vos probos esse) — ich will, daß ihr arbeitet (rechtschaffen seid)

In lebhafter Darstellung von Vorgängen der Vergangenheit steht oft ein unabhängiger, sog. *beschreibender oder historischer Infinitiv* (Präsens) statt eines Imperfektums:

properare = properabat (properabant).

Der accusativus cum infinitivo (a.c.i.) **§ 93**

Im Deutschen kann nach einigen Verben (z. B. sehen, hören, fühlen, lassen) neben einem Objektsakkusativ der Person ein Infinitiv als Objektsakkusativ der Sache stehen. Dasselbe finden wir im Lateinischen:

video rosam florere — ich sehe die Rose blühen = ich sehe, daß die Rose blüht.

---

[1]) Das Subjekt „ich", nach dem probus sich richtet, steckt im Prädikat habeo.

Da der lateinische Akkusativ der Person das Subjekt der im Infinitiv enthaltenen Handlung ist (wie im deutschen „daß"-Satz „die Rose" Subjekt seines Prädikats „blüht"), wurde der Akkusativ zusammen mit dem Infinitiv als ein einheitlicher Satzteil (und zwar als Objekt) empfunden[1]). Im Lateinischen wird der a.c.i. viel häufiger als im Deutschen gebraucht und steht nicht nur als Objekt[2]), sondern auch als Subjekt.

Der a.c.i. als Satzteil

§ 94 a) **Der a.c.i. steht als Subjekt**

bei unpersönlichen Ausdrücken, wenn der Träger der Handlung des Infinitivs genannt ist:

legem brevem esse oportet	ein Gesetz muß kurz sein
opus est (praestat) nos semper verum dicere	es ist nötig (besser), daß wir immer die Wahrheit sagen
apparet (constat) Augustum magnum imperatorem fuisse	offenbar (bekanntlich) war Augustus ein großer Herrscher

b) **Der a.c.i. steht als Objekt**

1. *zum Ausdruck einer abhängigen Aussage über eine Tatsache bei den Verben des Wahrnehmens, Sagens, Denkens und Glaubens,* z. B. animadvertere bemerken, certiorem facere benachrichtigen, negare sagen, daß nicht, censere meinen, putare, credere glauben u. a.

putamus homines (nos) bonos esse	wir sind der Ansicht, daß die Menschen gut sind (wir glauben, gut zu sein)

Nach den Verben des Sagens steht jedoch zum Ausdruck eines Begehrens der Konjunktiv (vgl. § 121).

2. bei einigen *Verben des Affekts*[3]), z. B. gaudere sich freuen, dolere Schmerz empfinden, aegre (moleste, graviter) ferre unwillig sein, queri klagen.

gaudeo vos verum dixisse	ich freue mich, daß ihr die Wahrheit gesagt habt

3. *zum Ausdruck des Zieles bei einigen Verben des Begehrens*[4])

a) bei iubere befehlen, vetare verbieten, sinere, pati zulassen, dulden;

b) bei velle wollen, nolle nicht wollen, malle lieber wollen, cupere wünschen und studere sich bemühen; aber nur, wenn im abhängigen Satz ein neues Subjekt steht[5]):

veto (nolo) vos mentiri	ich verbiete euch (will nicht), daß ihr lügt.

---

[1]) Er wird daher nicht durch ein Komma getrennt.

[2]) Vgl. den doppelten Akk. bei putare, dicere (§ 72).

[3]) Hier ist auch ein Satz mit fakt. od. kaus. quod möglich (vgl. § 120 u. 128).

[4]) Der a.c.i. bei Verben des Begehrens erklärt sich aus dem urspr. finalen Sinn des Inf., z. B. properabat redire er eilte, um heimzukehren = er beeilte das Heimkehren. Nach imperare und optare steht der Konjunktiv mit ut (vgl. § 121).

[5]) Bei gleichem Subjekt steht der Infinitiv: nolo mentiri ich will nicht lügen (vgl. § 92).

Ist die Person nicht genannt, der etwas befohlen oder verboten wird, so steht der Akkusativ mit Inf. Pass. Vergleiche:

rusticus servos agros colere iussit	der Bauer befahl den Sklaven, die Felder zu bebauen
rusticus agros coli iussit	der Bauer befahl, die Felder zu bebauen

Zeitverhältnisse im a.c.i.

Im a.c.i. gibt der Inf. Präs. den noch nicht abgeschlossenen *gleichzeitigen* Vorgang wieder (video te venire ich sehe dich kommen), der Inf. Perf. den *abgeschlossenen* Vorgang (puto te erravisse ich glaube, du hast dich geirrt), der Inf. Fut. den *bevorstehenden* Vorgang; das letzte besonders nach promittere versprechen und minari drohen:

promitto me mox reversurum (esse)	ich verspreche, bald zurückzukehren[1]).
Persae sperabant Graecos facile victum iri	die Perser hofften, daß die Griechen leicht besiegt werden würden.

Reflexivität im a.c.i.

Ein *Reflexivpronomen* (sui, sibi, se; suus) im a.c.i. kann sowohl auf das Subjekt des Infinitivs als auch auf das Subjekt des übergeordneten Satzes hinweisen (wer gemeint ist, ergibt sich aus dem Sinn):

pater speravit filium ad se venturum esse	der Vater hoffte, sein Sohn werde zu ihm (nicht: zu sich) kommen.

Übersetzungsmöglichkeiten des a.c.i. § 95

se recte fecisse putat:

1. er glaubt, daß er richtig gehandelt hat = daß-Satz
2. „ „ richtig gehandelt zu haben = Inf. (nur bei gleichem Subjekt)
3. „ „ er habe richtig gehandelt = verkappter Nebensatz
4. er hat, wie er glaubt (so glaubt er), richtig gehandelt = Verwandlung des regierenden Verbs in einen eingeschobenen Satz
5. nach seiner Meinung hat er richtig gehandelt = Verwandlung des regierenden Verbs in einen präpositionalen Ausdruck oder ein Adverb
6. er ist von der Richtigkeit seines Handelns überzeugt = Substantivierung des Infinitivs

Hinweis: *Ein* a.c.i. *in einem Relativsatz* kann nur nach den obengenannten Übersetzungsmöglichkeiten 4. oder 5. wiedergegeben werden (vgl. § 119):

amicus, quem aegrotum fuisse puto, mox ad nos revertetur	der Freund, der vermutlich (wie ich vermute) krank war, wird bald zu uns zurückkehren (wörtlich: von dem ich glaube, daß er krank war)

---

[1]) Der Deutsche zieht das Präsens dem Futurum vor.

§ 96 Der nominativus cum infinitivo (n.c.i.)

Einige Verben, die im Aktiv den a.c.i. fordern, haben im Passiv, persönlich gebraucht, den n.c.i. nach sich. Im Deutschen werden sie meist unpersönlich („man", „es") wiedergegeben. Der n.c.i. steht nur nach:

videor ich scheine; es scheint, daß (als ob) ich
iubeor (vetor) mir wird befohlen (verboten); man befiehlt (verbietet) mir
dicor[1]) ich soll; man sagt, ich hätte
putor[1]) (existimor, iudicor) man glaubt, ich hätte

Nur in der 3. Pers. Präs.:

traditur (fertur) oder traduntur (feruntur) man überliefert, er (sie) hätte(n)

merke: visum est man beschloß

amicus aegrotus fuisse videtur (dicitur)	anscheinend (angeblich) war der Freund krank
id facere iussi (vetiti) estis	man befahl (verbot) euch, dies zu tun
Romulus et Remus Romam condidisse traduntur (feruntur)[2])	der Überlieferung nach haben R. und R. Rom gegründet

§ 97 Supinum

1. Das **Supinum I auf -um**[3]) bezeichnet nach Verben der Bewegung einen Zweck (im Deutschen meist Inf. mit „um zu" oder präpositionale Ausdrücke):

legati venerunt gratulatum (auch: ut (qui) gratularentur, gratulandi causa, ad gratulandum)	Gesandte kamen, um Glück zu wünschen

2. Das **Supinum II auf -u**[4]) steht nur bei einigen Adjektiven wie facilis, difficilis, horribilis und den Substantiven fas und nefas (im Deutschen meist Inf. mit „zu" oder adverbial):

horribile est auditu	es ist schrecklich zu hören, es klingt schrecklich
fas est dictu	man darf sagen
res facilis est intellectu	die Sache ist leicht zu verstehen

(auch: ut [quae] intellegatur, ad intellegendum)

---

[1]) Vgl. den dopp. Nom. beim Passiv von putare und dicere (§ 72).
[2]) Nach dem Perf. Pass. traditum est aber steht der a.c.i., z. B. eos Romam condidisse.
[3]) supinus „zurückgebogen", übertragen „passivisch"; eigentlich ein Akkusativ des Zieles oder der Richtung eines vom Part. Perf. Pass. gebildeten Verbalsubstantivs der u-Deklination. Die verbale Natur geht aus gelegentlich beigefügten Objekten hervor: rogatum auxilium = um Hilfe zu erbitten.
[4]) Eigentlich ein Dat. finalis eines Verbalsubstantivs auf die Frage „wofür? wozu?"; vielleicht auch ein abl. limitationis.

Participium[1]) § 98

Das **Partizip** ist ein **Verbaladjektiv.** Als Verbform wird es durch Objekte und Adverbien erweitert, als Adjektiv richtet es sich im Genus, Numerus und Kasus nach seinem Beziehungswort. Im Satz wird es als Attribut (vgl. § 50 a), Prädikativum (vgl. § 50 b) oder Prädikatsnomen (vgl. § 47, 2) verwendet.

Die *Tempora des Partizips* bringen nicht die Zeitstufe (Gegenwart, Vergangenheit, Zukunft), sondern das Zeitverhältnis zum Prädikat (Gleich-, Vor-, Nachzeitigkeit) zum Ausdruck. Es bezeichnet

das part. praes. act. einen *gleichzeitigen, nicht abgeschlossenen Vorgang*:
legens disco (didici, discam) lesend lerne ich (lernte ich, werde ich lernen)
das part. perf. pass. einen *vergangenen, abgeschlossenen Vorgang*:
liber lectus reddetur wenn das Buch ausgelesen ist, wird es zurückgegeben werden
das part. fut. act. einen *noch bevorstehenden Vorgang*:
morituri gladiatores imperatorem salutabant zum Sterben bereit, grüßten die Fechter den Kaiser.

Während das Deutsche nur zwei Partizipien besitzt (part. praes. act. „ermahnend" und part. perf. pass. „ermahnt"), hat das Lateinische dazu noch ein part. fut. act. „einer, der ermahnen wird", bei Deponentien statt des part. perf. pass. ein part. perf. act. „einer, der ermahnt hat".

	Aktiv	Passiv
Präsens	monens; hortans ermahnend	—
Perfekt	— hortatus, a, um einer, der ermahnt hat	monitus, a, um ermahnt
Futur	moniturus, a, um; hortaturus, a, um einer, der ermahnen wird	—

Besonderheiten:

1. Das part. **perf.** einiger Deponentia und Semideponentia hat *auch* die Bedeutung eines part. **praes.**, z. B. arbitratus in der Meinung, veritus aus Furcht, confisus im Vertrauen.
2. Das part. perf. einiger Deponentia wird *auch* **passivisch** gebraucht, z. B. populatus verwüstet, expertus erprobt, pactus ausbedungen, partitus geteilt.
3. Das part. perf. **pass.** einiger aktiver Verben wird *auch* **aktivisch** gebraucht, z. B. coniuratus einer, der sich verschworen hat, praeteritus vergangen, assuetus gewohnt.

Verwendung der Partizipien § 99

1. als adjektivisches Attribut, übersetzt durch ein Partizip mit Beugungsendung oder einen Relativsatz:

---

[1]) von particeps teilhabend, nämlich am Nomen und Verbum.

absens reus damnabitur	der abwesende Angeklagte wird verurteilt werden; der Angeklagte, der abwesend ist, wird verurteilt werden.

2. als Verbform mit esse

reus damnatus est	der Angeklagte wurde verurteilt

3. als Prädikatsnomen

milites dicto audientes sunt	die Soldaten sind aufs Wort gehorsam
res nobis cognita fuit	die Sache war uns bekannt
profecturus sum	ich bin im Begriff aufzubrechen

4. als Verbalsubstantiv

male parta male dilabuntur	unrecht Gut gedeihet nicht

5. als Prädikativum (vgl. § 50 b)

a) neben einem Akkusativ nach Verben der sinnlichen Wahrnehmung (videre, audire) und nach facere, inducere darstellen, lassen. Übersetzt meist durch einen Infinitiv oder durch „als"

Díc, hospés, Spartaé nos te‿híc vidísse iacéntes!	Fremdling, verkünde in Sparta, du habest uns hier liegen gesehen!
Cicero Catonem senem inducit disputantem	Cicero führt den alten Kato als Redner ein (läßt – reden)

b) als **participium coniunctum** (verbundenes Partizip) neben einem Nomen (in jedem Kasus) zur adverbialen Erläuterung des Prädikats. Übersetzt durch ein Partizip ohne Beugungsendung, einen konjunktionalen Nebensatz, eine adverbiale Bestimmung oder einen beigeordneten Hauptsatz mit entsprechendem Bindewort.

absens reus damnatus est abwesend (während, obwohl er abwesend war; in (trotz) seiner Abwesenheit) wurde der Angeklagte verurteilt. Der Angeklagte war abwesend und wurde trotzdem verurteilt.

c) als sog. **ablativus absolutus** (losgelöster Ablativ)[1]) neben einer adverbialen nominalen Bestimmung im Ablativ, übersetzt durch einen konjunktionalen Nebensatz, eine adverbiale Bestimmung oder einen beigeordneten Hauptsatz mit entsprechendem Bindewort.

re infecta milites se receperunt die Soldaten zogen sich zurück, als (da) sie nichts ausgerichtet hatten (ohne etwas ausgerichtet zu haben) oder: unverrichteter Sache oder: die Soldaten hatten nichts ausgerichtet und zogen sich deshalb zurück.

Da der sog. abl. abs. als adverbiale Bestimmung ein Satzteil ist, stehen die zu ihm gehörigen persönlichen und besitzanzeigenden Fürwörter in der reflexiven Form, wenn sie sich auf das Subjekt des Satzes beziehen:

Consul se suoque equitatu absente proelium fieri vetuit Der Konsul verbot, in seiner und seiner Reiterei Abwesenheit eine Schlacht zu schlagen.

---

[1]) Vgl. im Deutschen adverbial gebrauchte absolute Genetive wie „unverrichteter Sache", „eilenden Schrittes" oder Wendungen wie „gesetzt den Fall". Im abl. abs. können statt des Partizips auch Adjektiva oder Substantiva als Prädikativa stehen (vgl. § 50): invitis deis gegen den Willen der Götter; Cicerone consule unter dem Konsulat Ciceros.

Fließend ist der Übergang vom attributiven part. conj. bei einem Sbst. im Abl. loci oder instr. zum prädikativen abl. abs.:

navigabimus vere ineunte	im beginnenden Frühling bzw. wenn der Fr. beginnt, ...
gaudemus victoria parta	... über den errungenen Sieg bzw., nachdem (weil) der Sieg errungen war

Übersetzungsmöglichkeiten § 100

part coni.: absens reus damnatus est

Partizip:	1. abwesend wurde der Angeklagte verurteilt
	2. *auch attributiv*: der abwesende Angeklagte wurde verurteilt
Nebensatz:	1. während (obwohl) der Angekl. abwesend war, wurde er verurteilt
	2. *auch attributiv*: der Angekl., der abwesend war, wurde verurteilt
Adv. Best.:	in (trotz) seiner Abwesenheit wurde der Angekl. verurteilt
Hauptsatz: (mit Bindew.)	der Angekl. war abwesend und wurde *trotzdem* verurteilt

abl. abs.: sententia reo absente dicta est

Nebensatz:	das Urteil wurde gefällt, während (obwohl) der Angekl. abwesend war
Adv. Best.:	in (trotz) Abwesenheit des Angekl. wurde das Urteil gefällt
Hauptsatz:	der Angekl. war abwesend, *trotzdem* wurde das Urteil gefällt.

Übersichtstabelle § 101

Beispiele für part. coni. u. abl. abs.	Gebrauch	Adv. Nebensatz m. Konjunktion	Adv. Bestimmung m. Präposition	Beigeordneter Hauptsatz
Alpes transgressus (Alpibus superatis) Hannibal Italiam invasit	*temporal* (Zeit) wann?	als, nachdem (seitdem, während, wenn, solange als)	nach (in, unter, bei, zu, seit, während, auf – hin)	und dann
clamorem tollentes (clamore sublato) omnes concurrerunt	*modal* (Art u. Weise) wie?	indem; dadurch, daß (verneint: ohne zu)	mit, unter (in, bei) (verneint: ohne)	und so
navis afflicta non proficiscitur (nave afflicta non proficiscimur)	*kausal* (Grund) warum?	da, weil	wegen, infolge	und daher
tempestas orta naves cursu non prohibuit (tempestate orta naves cursu prohibitae non sunt)	*konzessiv* (Einräumung) trotz welchen Umstandes?	obwohl, obgleich, wenn auch	trotz	aber trotzdem, und dennoch
superstitio sublata religionem non tollit (superstitione sublata religio non tollitur)	*konditional* (Bedingung) unter welcher Bedingung?	wenn, falls	im Falle, bei	mag (zwar), aber dennoch
Scipio in Italiam contendit patriam defensurus (nur Part. Fut. coniunctum)	*final* (Zweck) wozu?	damit, um zu	zum Zweck, zu	und dazu, deshalb

§ 102 Gerundivum[1]) und Gerundium

1. Das **Gerundivum** ist, wie die Partizipia, ein **Verbaladjektiv.** Als Verbalform ist es *passivisch* und kann durch Adverbia erweitert werden. Als Satzteil kann es Prädikatsnomen, Prädikativum oder Attribut sein. *Es bezieht sich immer auf ein Substantiv oder Pronomen und richtet sich nach diesem im Genus, Numerus und Kasus.*

   Während das Part. Perf. Pass. eine vergangene Handlung ausdrückt, bezeichnet das Gerundivum ein zukünftiges Geschehen und wird durch den Infinitiv mit „zu", durch ein Adjektiv oder mit „müssen, können" oder „sollen" (verneint meist: „dürfen") übersetzt.

liber legendus	ein Buch, das gelesen werden sollte ein lesenswertes Buch (*Attribut*)

Die *handelnde Person* steht im Dativ (dat. auctoris), neben einem zweiten Dativ aber im Abl. mit a; bei intransitiven Verben nur unpersönlicher Gebrauch:

pacta semper servanda sunt	Abmachungen muß man immer einhalten (*Prädikatsnomen*)
omnibus hominibus moriendum est	alle Menschen müssen sterben
legibus a nobis parendum est	wir müssen den Gesetzen gehorchen

Trotz seines passiven Charakters kann das Gerundivum auch von Deponentien gebildet werden:

occasione nobis utendum non erat	wir durften die Gelegenheit nicht benutzen

Nach *geben, nehmen, schicken* und *lassen* wird das Gerundivum oft als *Prädikativum* in finalem Sinne gebraucht (vgl. § 50 b, 3):

Gracchi agros divitum plebi colendos dederunt	die Gracchen gaben die Felder der Reichen dem Volke zur Bebauung (als zu bebauende)
consul pontem faciendum curavit	der Konsul ließ eine Brücke bauen

§ 103 2. Das **Gerundium**[2]) ist ein **Verbalsubstantiv** und dient als Ersatz für die fehlenden Kasus des substantivisch gebrauchten Inf. Präs. Akt. (legere das Lesen): legendi, legendo, legere (aber: ad legendum), legendo. Als Verbalform wird es durch Objekte und Adverbia erweitert. Oft wird es durch ein Substantiv auf „ung" oder einen Inf. mit „zu" übersetzt.

docendo discimus	durch Lehren lernen wir
ars epistulam bene scribendi	die Kunst, einen Brief gut abzufassen

Statt des Gerundiums mit Objekt steht bei transitiven Verben gewöhnlich, bei Dativkonstruktionen und in Verbindung mit Präpositionen immer, das attributive Gerundivum[3]) (außer wenn das Akkusativobjekt das Neutrum eines Pronomens oder Adjektivums ist).

---

[1]) Von gerundum = gerendum etwas, das ausgeführt werden soll; urspr. ein altes Part. Präs. des Mediums oder Passivs (vgl. secundus der folgende von sequi folgen).

[2]) Urspr. das substantivisch gebrauchte Neutr. Sing. des Gerundivums, erlangte es später aktivische Bedeutung.

[3]) Da uti, frui, fungi urspr. transitiv waren, ist ein attributives Gerundivum möglich: ad munera fungenda vires me deficiunt zur Ausübung meiner Amtsgeschäfte fehlt es mir an Kraft.

Statt *ars* epistulam *scribendi* findet sich also häufiger *ars epistulae* scribendae.

Immer aber heißt es:

studere legibus scribendis (dat. fin.)	sich um die Aufzeichnung der Gesetze bemühen
in consiliis capiendis	bei der Beschlußfassung
ad flumen transeundum idoneus	für den Flußübergang geeignet
oraculi consulendi causa	wegen der Befragung des Orakels
occasio multa (aliquid) discendi	die Gelegenheit, viel (etwas) zu lernen.

Doch findet man auch:

defuit tempus arma sumendi (Gerundium) et consilii capiendi (Gerundivum)	es fehlte an Zeit, zu den Waffen zu greifen und einen Entschluß zu fassen.

Zum Genitiv der Personalpronomina tritt das Gerundivum auf -i ohne Rücksicht auf Genus und Numerus:

legati venerunt sui purgandi causa — Gesandte kamen, um sich zu entschuldigen

Unterscheide: consilium patriae liberandae und gloria patriae liberatae.
Beides übersetzt der Deutsche mit „der Befreiung des Vaterlandes", obwohl es einmal eine bevorstehende und einmal eine vollendete Handlung bezeichnet.

2. Verbum finitum

Genera verbi § 104

Die beiden genera verbi **Aktiv** und **Passiv**[1]) bezeichnen, in welcher Richtung ein Vorgang zum Subjekt steht.

1. Geht der Vorgang vom Subjekt als Ausgangspunkt aus, steht das Aktiv:
   fallo ich täusche.
2. Richtet sich der Vorgang auf das Subjekt als Ziel, steht das Passiv:
   fallor ich werde getäuscht.
3. Geht der Vorgang vom Subjekt aus und wieder darauf zu (reflexiv), steht ebenfalls das (mediale, vgl. § 34) Passiv:
   fallor ich täusche mich.

Vgl. auch die Deponentia (z. B. reminiscor ich erinnere mich) und Semideponentia (z. B. gaudeo ich freue mich).

Ein persönliches Passiv bilden transitive Verben (laudor ich werde gelobt). Intransitive Verben bilden ein unpersönliches Passiv (itur man geht).

Die *lateinische Bevorzugung des Passivs teilt der Deutsche nicht,* sondern übersetzt es lieber

1. aktivisch:	nuntio perterritus sum	die Nachricht erschreckte mich
	facile intellegitur	man sieht leicht ein

[1]) Von agere handeln, tun und pati leiden.

2. reflexiv:	tempora mutantur	die Zeiten ändern sich
3. mit Erweiterung:	non impedior cogor	ich lasse mich nicht hindern ich sehe mich gezwungen

4. durch ein intransitives Aktiv: fortuna frangitur das Glück zerbricht.

§ 105 Tempora verbi

Die lateinischen **Tempora** bezeichnen

1. *wann* etwas geschieht, d. h. die *Zeitstufe* (Gegenwart, Zukunft und Vergangenheit),
2. *wie* etwas geschieht, d. h. die *Aktionsart* (Vorgangsart) (Eintritt, Dauer, Vollendung einer Handlung),
3. *im Satzgefüge auch das Zeitverhältnis*, in dem ein Vorgang zu einem anderen steht (Gleich-, Vor- und Nachzeitigkeit).

Gegenwart: das Präsens bezeichnet einen in der Gegenwart sich vollziehenden Vorgang:

cogito, ergo sum ich denke, also bin ich

Das Perfectum praesens bezeichnet einen gegenwärtigen Zustand als das Ergebnis eines abgeschlossenen Vorgangs:

constiti ich (habe mich gestellt und) stehe (jetzt).

Zukunft: das Futurum I bezeichnet einen zukünftigen Vorgang:

ibo ich werde gehen (umschrieben: iturus sum ich bin im Begriff zu gehen),

das Futurum II bezeichnet den einem anderen zukünftigen Vorgang vorangegangenen zukünftigen Vorgang:

cum adveneris, proficiscar ich werde abreisen, wenn du kommst (gekommen bist)

Der Deutsche übersetzt das Futur oft durch das Präsens oder Perfekt oder mit „sollen" oder „wollen".

Vergangenheit: das Präsens historicum bezeichnet in lebhafter fortschreitender Erzählung ein vergangenes Ereignis (im Deutschen auch durch das Präteritum wiederzugeben):

finem loquendi fecit seque ad suos recipit	er beendet(e) die Besprechung und begibt (begab) sich zu seinen Leuten

Das Imperfekt[1]) schildert dauernde, noch nicht vollendete Zustände sowie wiederholte und versuchte Handlungen der Vergangenheit (d. h. über eine Vollendung der Handlung wird keine Aussage gemacht): Frage: *was war? was geschah regelmäßig?*

Romani rustici strenui erant	die Römer waren fleißige Bauern
quotannis Romae consules creabantur	alljährlich pflegte man in Rom Konsuln zu wählen
Germani Rhenum transibant	die Germanen *versuchten*, den Rhein zu überschreiten

---

[1]) Bei lebhafter Schilderung steht statt des Imperf. (auch Präteritum genannt) auch der infinitivus historicus: nihil respondere sie antworteten nichts (vgl. § 92).

Das Perfectum historicum bezeichnet in der Erzählung ein neu eintretendes oder vollendetes Ereignis der Vergangenheit. Frage: *was geschah, was trat ein?*:
veni, vidi, vici ich kam, ich sah, ich siegte (im Deutschen Imperfekt).

Das konstatierende Perfektum stellt wie im Deutschen eine vollendete Tatsache der Vergangenheit fest: haec omnia comperi dies alles habe ich in Erfahrung gebracht (im Deutschen Perfekt).

Das Plusquamperfectum bezeichnet den einem andern Vorgang der Vergangenheit vorangegangenen und bereits vollendeten Vorgang der Vergangenheit:
amicus advenit, sed domo exieram der Freund kam an, aber ich hatte das Haus bereits verlassen.

Bezüglich der *Aktionsart* stimmen das Lateinische und Deutsche im wesentlichen überein; ein Unterschied besteht nur im *Gebrauch des Imperfekts und Perfekts*, von denen das erstere einen dauernden Zustand oder eine wiederholte oder versuchte Handlung der Vergangenheit, das letztere eine eintretende oder abgeschlossene Handlung der Vergangenheit oder einen aus einer vollendeten Handlung hervorgegangenen gegenwärtigen Zustand bezeichnet.

Modi (Aussageweisen) § 106

Im **Hauptsatz** bezeichnet

der *Indikativ* eine Tatsache, eine bestimmte Aussage oder Frage (vgl. § 107, 108),

der *Imperativ* einen an eine 2. Person gerichteten Befehl oder ein Verbot (vgl. § 109,2),

der *Konjunktiv* eine Vorstellung

1. ein Begehren (Aufforderung oder einen an eine 2. oder 3. Person gerichteten Befehl oder ein Verbot) oder einen Wunsch (vgl. § 109),

2. eine unbestimmte Aussage oder Frage, deren Inhalt als möglich (potential) oder unwirklich (irreal) hingestellt wird (vgl. § 107,2),

3. eine zweifelnde oder überlegende Frage (vgl. § 108).

Über den Konjunktiv in innerlich abhängigen **Nebensätzen** (Begehrs- und Fragesätzen und Nebensätzen, die eine fremde Meinung wiedergeben) sowie in Kausal-, Modal- und Konsekutivsätzen vgl. § 128, 127, 124; über den Konjunktiv in Relativsätzen vgl. § 117; über den Konjunktiv in den Nebensätzen der oratio obliqua vgl. § 136.

IV. Die Arten der Hauptsätze § 107

Aussagesätze

Aussagesätze (verneint durch non, neque, nec) stehen wie im Deutschen meist im Indikativ.

I. *Abweichend vom Deutschen steht im Lateinischen der Indikativ statt eines irrealen Konjunktivs*

1. bei paene, prope beinahe, z. B. paene dixi (Ind. Pf.!) beinahe hätte ich gesagt

2. bei Ausdrücken des Könnens und Müssens:

multa dicere possum (debeo)	ich könnte (müßte) vieles sagen
multa dicere poteram (debebam) oder potui (debui)	ich hätte vieles sagen können (müssen)
mihi tacendum erat	ich hätte schweigen müssen

3. bei einigen unpersönlichen Ausdrücken:

melius est (erat, fuit)	es wäre besser (gewesen)
tuum est	es wäre deine Pflicht
non multum afuit, quin	es hätte nicht viel gefehlt, daß

II. *Wie im Deutschen steht der Konjunktiv*

1. zum Ausdruck einer höflichen Behauptung oder einer Möglichkeit (coni. potentialis); Gegenwart: Konj. Praes. od. Perf.; Vergangenheit: Konj. Impf.

   dicat (dixerit) (ali)quis es könnte einer sagen (*ohne Unterschied der Bedeutung*)
   non crederes man hätte nicht geglaubt

2. zum Ausdruck einer Nichtwirklichkeit (coni. irrealis); Gegenwart: Konj. Impf., Vergangenheit: Konj. Plqf.

   hoc non facerem (fecissem) dies täte ich nicht (hätte ich nicht getan)

§ 108 Fragesätze

Fragesätze (verneint durch non) stehen in den Modi der Aussagesätze:
quis nescit? wer weiß nicht? (bestimmte Frage)
quis dubitet (dubitaverit)? wer könnte zweifeln? (potentiale Frage)
quis dubitaret (dubitavisset)? wer würde (hätte) zweifeln können? (irreale Frage)

Bei *zweifelnden und überlegenden* Fragen steht immer der Konjunktiv (coni. dubitativus oder deliberativus): quid faciam? was soll ich tun? (Gegenwart); quid facerem? was **hätte** ich tun sollen? (Vergangenheit).

Man unterscheidet *Wort- und Satzfragen* und bei letzteren *einfache und Doppelfragen.*

1. *Wortfragen* werden eingeleitet durch Fragepronomina und -adverbia, z. B. quis venit? wer kommt?, quo (quando, cur) abiit? wohin (wann, warum) ging er weg?

2. *Satzfragen.*

   a) *Einfache* Satzfragen[1]) werden eingeleitet durch

      α) das an das betonte Wort angehängte Fragewort **-ne:**
      veniesne? wirst du kommen?

      β) in Erwartung einer verneinenden Antwort **num:**
      num venies? wirst du etwa kommen?

      γ) in Erwartung einer bejahenden Antwort **nonne:**
      nonne venies? wirst du nicht kommen?

---

[1]) Im Anschluß an vorher Gefragtes wird eine einfache Satzfrage durch an eingeleitet: cur venistis? an speculandi causa? warum seid ihr gekommen? etwa zum Spionieren?

b) *Doppelfragen* haben im 1. Glied **utrum** (eigentlich „was von beiden?"), **-ne** oder gar kein Fragewort, im 2. Glied **an** (verneint **an non** oder **necne**):

utrum venies (veniesne, venies) an non (necne)? wirst du kommen oder nicht?

Rhetorische (scheinbare) Fragen sind solche, auf die ein Redner keine Antwort erwartet; sie sind dem Sinne nach Aussage- oder Begehrssätze: nonne legibus parendum est? muß man nicht den Gesetzen gehorchen? (der Gehorsam ist hier selbstverständlich); quin (aus *qui-ne wie nicht?) tacetis? warum schweigt ihr nicht? (= so schweigt doch!).

Begehrssätze

§ 109

Begehrssätze (verneint durch nē, fortgesetzt nach positivem Vordersatz durch neque, sonst durch nēve oder aut) enthalten

1. eine *Aufforderung* (gerichtet an die 1. Pers. Plur.) oder einen an eine 3. Pers. gerichteten *Befehl (oder Verbot)*, wiedergegeben durch den Konj. Präs.:

eamus!	wir wollen gehen!
vir periculum ne timeat neve fugiat!	ein Mann soll die Gefahr nicht fürchten und auch nicht meiden!

2. einen an eine 2. Person gerichteten *Befehl*[1]) im Imperativ, als *Verbot* umschrieben mit noli (nolite) mit Infinitiv oder ersetzt durch den Konj. Perf. mit nē:

abite!	geht weg!
nolite abire *oder* ne abieritis! (*ohne Vergangenheitsbedeutung*)	geht nicht weg!

Gleichbedeutend mit dem Imperativ setzt der Lateiner auch (besonders bei allg. Regeln) die 2. Pers. Konj. Präs.:

quídquid agís, prudénter agás et réspice fínem!	was du auch tust, tue mit Vorbedacht, und bedenke das Ende!

3. einen *Wunsch*; und zwar steht

a) ein *erfüllbarer* Wunsch (oft eingeleitet durch utinam (ne), velim, nolim, malim im Konj. Präs. (Gegenwart) oder Perf. (Vergangenheit):

prosit!	es möge nützen!
utinam ne frustra rogaverim!	hätte ich doch nicht vergeblich gebeten!

b) ein *unerfüllbarer* Wunsch (stets eingeleitet durch utinam (ne), vellem, nollem, mallem) im Konj. Imperf. (Gegenwart) oder Plusquamperf. (Vergangenheit):

utinam viveret!	wenn er doch noch lebte!
utinam tacuisses neque me offendisses!	hättest du doch geschwiegen und mich nicht gekränkt!

Zu den Begehrssätzen gehören auch *konzessive Hauptsätze in der Form potentialer Aussagen.* Sie werden durch nē verneint, oft tritt sane oder certe „gewiß" oder licet „es mag sein" davor:

---

[1]) Der Imp. Fut. auf -to, -tote, -nto findet sich in der Gesetzessprache und allgemeinen Lebensregeln, z. B. salus publica suprema lex esto! Das Gemeinwohl soll oberstes Gesetz sein! memento mori! Denke daran, daß du sterben mußt! Doch findet sich auch der Konj. Präs. (oft unverbunden nach fac, cave, velim), z. B. ne interficias! man soll nicht töten! fac (velim) taceas! sei ja still!

sit (fuerit) hoc verum!	angenommen (zugegeben), daß dies wahr ist (war)
oderint, dum metuant!	sie mögen mich vielleicht hassen, wenn sie mich nur fürchten!
ne sit sane summum malum dolor; malum certe est	gewiß ist der Schmerz nicht das größte Übel; ein Übel ist er aber sicher.

§ 110 B. Die Satzreihe

Unverbundene oder verbundene, beigeordnete (koordinierte) Hauptsätze bilden eine Satzreihe.

1. Unverbunden: veni, vidi, vici ich kam, ich sah, ich siegte.

2. Verbunden durch Konjunktionen:

   a) kopulative (anreihende): et, atque, ac, -que und; neque, nec (neve nur in Begehrs- und Finalsätzen) und nicht; etiam (steigernd), quoque auch

   b) adversative (gegensätzliche): sed, autem, at (entgegensetzend), verum, vero (steigernd) aber; tamen dennoch, neque vero aber nicht

   c) kausale (begründende): nam, enim denn; neque enim denn nicht

   d) konklusive (folgernde): itaque daher; igitur, ergo (folgernd), proinde (auffordernd) also, demnach

   e) disjunktive (trennende): aut (ausschließend), vel (die Wahl lassend), sive, seu oder

   f) korrespondierende (sich entsprechende): et – et, cum – tum sowohl – als auch; ut – ita wie – so, zwar – aber; non solum (modo) – sed etiam nicht nur – sondern auch; neque – neque, nec – nec weder – noch; neque – et einerseits nicht – andererseits; aut – aut (ausschließend), vel-vel (die Wahl lassend) entweder – oder; sive – sive, seu – seu vielleicht – oder, sei es – oder.

C. Das Satzgefüge (Die Periode)

Ein Satzgefüge besteht aus Haupt- und untergeordneten (subordinierten) Nebensätzen[1]); hierbei kann ein Nebensatz wieder einem anderen Nebensatz übergeordnet sein. Bei den Nebensätzen unterscheidet man, je nach den einleitenden Wörtern, Frage-, Relativ- und Konjunktionalsätze.

---

[1]) Alle Nebensätze waren urspr. schwächer betonte Hauptsätze. Die unterordnenden Konjunktionen gehen meist auf relative Adverbien und Pronominalformen zurück, z. B. ut wie, ubi wo, cum wann, quod was, quam wie, quin wie nicht, aber auch auf andere Adverbien, z. B. si so, dum eine Weile. Abhängige Frage- und Begehrssätze leiten sich aus unabhängigen ab; für abhängige Aussagesätze schuf das Lateinische die Form des a.c.i. und n.c.i.

I. Modi in Nebensätzen

§ 111

Nebensätze, die eine Tatsache ausdrücken, stehen im Indikativ. Nebensätze, die etwas nur Vorgestelltes ausdrücken (innerlich abhängige Sätze), stehen im Konjunktiv.

Innerlich abhängig sind alle abhängigen Begehrs- und Fragesätze sowie Finalsätze; andere Nebensätze[1]) nur, wenn sie eine fremde Meinung wiedergeben:

Socrates divitias contemnebat,	Sokrates verachtete den Reichtum, weil
quod **eum** beatum reddere non poterant	er **ihn** nicht glücklich machen konnte
bzw. quod **se** beatum reddere non possent	bzw. könne

Bei innerlicher Abhängigkeit steht also für „ihn" usw. das Reflexivpronomen auch dann, wenn „ihn" sich auf das Subjekt des übergeordneten Satzes bezieht.

II. Tempora in Nebensätzen

§ 112

Der Lateiner beachtet das **Zeitverhältnis** zwischen über- und untergeordnetem Satz genauer als der Deutsche (*consecutio temporum* = Zeitenfolge).

Indikativische Nebensätze

Zeitstufe	übergeordneter Satz	untergeordneter Satz	
		gleichzeitig	vorzeitig
Gegenwart	Präsens	Präsens	Perfekt
Vergangenheit	Vergangenheitstempus	das gleiche Vergangenheitstempus	Plusquamperfekt
Zukunft	Futur I	Futur I	Futur II

Gegenwart:

delector, cum epistulam scribo (accepi)	ich freue mich, wenn ich einen Brief schreibe *(erhalte)*

Vergangenheit:

delectabar, cum epistulam scribebam (acceperam)	ich freute mich, wenn ich einen Brief schrieb *(erhielt)*

Zukunft:

delectabor, cum epistulam scribam (accepero)	ich werde mich freuen, wenn ich einen Brief *schreibe (erhalte)*

---

[1]) Später drang der Konjunktiv auch in rein äußerlich abhängige Kausal-, Konzessiv-, Modal- und Konsekutivsätze ein, beim cum hist. wegen des meist kausalen Nebensinnes sogar in Temporalsätze.

Konjunktivische Nebensätze

Zeitstufe	übergeordneter Satz	untergeordneter Satz			
		gleichzeitig	vorzeitig	nachzeitig[1])	
				in abhäng. Frage- und quin-Sätzen	in Begehrssätzen u. wenn Formen auf -urus nicht möglich
Gegenwart u. Zukunft[2])	Präsens, Futur I u. II	Konj. Präs.	Konj. Perf.	-urus sim	Konj. Präs.
Vergangenheit	Vergangenheitstempus	Konj. Imperf.	Konj. Plusquamperf.	-urus essem	Konj. Imperf.

Gegenwart und Zukunft: scribo (scribam, scripsero), quid faciam (tue), fecerim (getan habe), facturus sim (tun werde).

Vergangenheit: scribebam (scripsi, scripseram), quid facerem (tue (ersatzweise: täte)), fecissem (getan habe (hätte)), facturus essem (tun werde (würde)).

Im Begehrssatz ist die Nachzeitigkeit selbstverständlich:

opto, ne sero venias — ich wünsche, du kommst nicht zu spät
timebam, ne sero venires — ich fürchtete, du kämest zu spät

§ 113 Zusätze

1. Diese Regeln der *consecutio temporum* (Zeitenfolge) gelten auch, wenn der untergeordnete Satz von einem Infinitiv oder Partizipium abhängig ist. Als *bloße Satzteile* haben nicht sie Einfluß auf das Tempus des untergeordneten Satzes, sondern das Prädikat des übergeordneten Satzes:

   cupivi ex amico quaerere, quid *fecisset* — ich wünschte den Freund zu fragen, was er getan habe

   Nur nach einem Inf. Perf. muß im untergeordneten Satz der Konj. Imperf. oder Plusquamperf. folgen:

   scio te ex amico *quaesivisse,* quid *fecissem* — ich weiß, du hast den Freund gefragt, was ich getan habe

2. Der historische Infinitiv als Prädikat des übergeordneten Satzes gilt natürlich, da er ein Imperfekt vertritt, als Tempus der Vergangenheit (vgl. § 92).

3. In Konsekutivsätzen steht das vom Standpunkt des Sprechenden aus erforderliche Tempus (wie im Deutschen, vgl. § 124); ebenso in konjunktivischen Kausal- und Konzessivsätzen (vgl. § 128, 133).

   Cicero dixit: Verres Siciliam ita perdidit, ut restitui non **possit** — Verres hat Sizilien so zugerichtet, daß es nicht wieder aufgebaut werden **kann**

---

[1]) Von fieri gibt es keine Form auf -urus: non dubito, quin hoc fiat ich zweifle nicht, daß dies geschieht; non dubitabam, quin hoc fieret (geschehe).

[2]) Ein dubitativer (deliberativer), potentialer und irrealer Konjunktiv bleibt auch nach einem Präs. oder Fut. unverändert: quaero, quid facerem ich frage, was hätte ich tun sollen.

medicum consului, cum laudetur	ich fragte den Arzt um Rat, da man ihn lobt
medicum non consului, quamvis laudetur	ich fragte den Arzt nicht um Rat, obwohl man ihn lobt

III. Arten der Nebensätze

1. Indirekte (abhängige) Fragesätze

§ 114

Sie stehen als Objekt bei Verben des Fragens, aber auch des Sagens und Wissens und als Subjekt bei unpersönlichen Ausdrücken. Sie entstanden aus unabhängigen Fragesätzen (ubi fuit? nescio wurde zu nescio, ubi fuerit).
Sie stehen stets im Konjunktiv, da sie innerlich abhängig sind, und unterliegen der consecutio temporum. Eingeleitet werden sie

als *Wortfragen*	durch Fragepronomina und -adverbia (quis, ubi?)
als *einfache Satzfragen*	durch die Frageworte **-ne, num** ob, ob etwa, ob nicht[1]) ohne Rücksicht auf die erwartete Antwort,
als *Doppelfragen* im 1. Glied	durch **utrum, -ne** oder kein Fragewort,
im 2. Glied	durch an (verneint meist **necne**).

vobis dicam, ut res se habeat	ich werde euch sagen, wie die Sache sich verhält
nescio, cur non venerit	ich weiß nicht, warum er nicht kam
nescio (interrogo), num venturus sit (venturusne sit)	ich weiß nicht (ich frage), ob er kommen wird
quaero ex te, nonne hoc feceris	ich frage dich, ob du das nicht getan hast
incertum est, utrum venerit necne	es ist ungewiß, ob er gekommen ist oder nicht
quaero ex te, quo alios ituros esse putes	ich frage dich, wohin deiner Meinung nach die anderen gehen werden

Zusätze

§ 115

1. Nach nescire „nicht wissen" und dubitare „zweifeln" beginnt bei potentialem Sinn eine einfache Satzfrage mit **an**[2]) = ob nicht oder an non = (ob nicht nicht) ob, bei bloßer Ungewißheit mit num oder -ne.

dubito, an hoc verum non sit	ich zweifle, ob dies wahr ist = schwerlich ist dies wahr
dubito, an hoc verum sit	ich zweifle, ob dies nicht wahr ist = vielleicht (wahrscheinlich) ist dies wahr
dubito, num hoc verum sit	ich bin ungewiß, ob dies wahr ist

2. Nach den *verneinten und fragenden Ausdrücken des Zweifelns*[3]) steht im Lateinischen ein indirekter Fragesatz mit **quin** (urspr. qui ne = wie nicht?)[4]) an Stelle eines deutschen Aussagesatzes[4]) mit „daß":
non est dubium, quin hoc verum sit es ist nicht zweifelhaft, daß dies wahr ist

---

[1]) Nach quaerere steht auch nōnne ob (nicht).
[2]) an (aus *at-ne doch nicht, ob nicht doch) war urspr. 2. Glied einer Doppelfrage.
[3]) Steht nach non dubitare der Infinitiv, so heißt es: kein Bedenken tragen.
[4]) Umgekehrt wird nach den Verben exspectare „erwarten" und conari „versuchen" der deutsche indirekte Fragesatz mit „ob" im Lateinischen als Konditionalsatz aufgefaßt, vgl. § 131.

3. Im Deutschen wird eine indirekte Wortfrage oft durch einen Relativsatz wiedergegeben. Der Lateiner dagegen gebraucht bei noch unbekanntem Inhalt des Nebensatzes *stets* einen indirekten Fragesatz:

probo (id), quod dixisti	ich billige, was du gesagt hast
nescio, quid dixeris	ich weiß nicht, was du gesagt hast

4. Das Reflexivpronomen bezieht sich in indirekten Fragesätzen nicht nur auf das Subjekt desselben, sondern auch auf das des übergeordneten Satzes:

homines saepe nesciunt, ut alii de se loquantur	die Menschen wissen oft nicht, wie andere über sie reden

§ 116 **2. Relativsätze**[1])

Relativsätze werden eingeleitet durch Relativpronomina (qui, quae, quod) und relative Adverbia (ubi, unde, quo; cur, quando, quamdiu).

Das Relativpronomen richtet sich im Genus und Numerus nach dem Beziehungswort; bezieht es sich auf einen ganzen Satz, steht es im Neutrum Sing. oder Plur.; im Kasus richtet es sich nach dem Prädikat des Relativsatzes.

(ea,) quae dixisti, falsa sunt	(das,) was du gesagt hast, ist falsch
diu tacuisti, quod valde doleo	du hast lange geschwiegen, was ich sehr bedauere

Im Deutschen werden die Relativsätze oft durch Substantive, Adjektive[2]) oder Partizipien wiedergegeben, z. B.

liber, qui Annales inscribitur	ein Buch mit dem Titel „Annalen"

§ 117 Der Modus der Relativsätze ist meist der **Indikativ**, da in ihnen eine Tatsache ausgedrückt wird (auch nach *verallgemeinernden relativen Pronomina und Adverbia* wie quisquis, quicumque; ubicumque).

Quídquid id **ést**, timeó Danaós et dóna feréntes	was es auch **sei**, ich fürchte die Griechen, auch wenn sie Geschenke bringen

Ein **Konjunktiv** zeigt an, daß der Relativsatz eine potentiale oder irreale Aussage oder ein Begehren enthält oder innerlich abhängig ist (wie im Deutschen) oder kausalen, konzessiven, finalen, konsekutiven[3]) oder konditionalen Sinn hat:

hoc factum, quod nemo probaverit oder probaret (cuius nunquam te paeniteat), a me quoque reprehenditur	diese Tat, die niemand wohl billigen möchte od. würde (die du niemals bereuen mögest), wird auch von mir getadelt
miseri deis gratias egerunt, qui se iuvissent	die Armen dankten den Göttern, die ihnen geholfen hätten

---

[1]) Die Relativsätze sind aus schwächer betonten Hauptsätzen mit einem pronom. indef. hervorgegangen, ähnlich wie das deutsche Relativpronomen aus einem pronom. demonstr. hervorging (der = der dort).

[2]) Denn als Satzteil betrachtet sind Relativsätze meist Attributsätze, aber auch Subjekt-, Objekt- und Adverbialsätze, z. B. quae nocent, docent; quae dixisti, probo; ubi sum, manebo.

[3]) Nach verneinten Ausdrücken kann in konsekut. Relativsätzen statt qui non, quae non, quod non auch quin stehen, z. B. nihil est tam difficile, quin quaerendo inveniri possit nichts ist so schwierig, das nicht (= daß es nicht) durch Suchen gefunden werden könnte.

piget me, qui te secutus non sim	ich ärgere mich, der ich (da ich = cum) dir nicht folgte
legati, qui multa dixissent, nihil assecuti sunt	nichts erreichten die Gesandten, die (obwohl sie = cum) viele Worte gemacht hatten
nuntii missi sunt, qui litteras deferrent	Boten wurden geschickt, die (damit sie = ut) einen Brief überbringen sollten
sunt, qui deos esse negent	es gibt (solche) Leute, die (die so sind, daß sie = ut) die Existenz der Götter leugnen
fuit dignus (idoneus, peior quam), cui fides haberetur	er war würdig (geeignet, zu schlecht als), daß ihm Vertrauen geschenkt würde
qui legibus non pareat, poenam non effugiat	wer (wenn einer = si quis) den Gesetzen nicht gehorchen sollte, dürfte (er) der Strafe nicht entrinnen

Relativische Anknüpfung nennt man den Ersatz eines Demonstrativs durch ein Relativpronomen zur Anknüpfung eines neuen Hauptsatzes: § 118

Catilina minari coepit. Quo facto (oder quam ob rem) hostis iudicatus est	Katilina begann zu drohen. Darauf (deshalb) wurde er zum Staatsfeind erklärt

Relativische Verschränkung nennt man die Einschiebung eines Relativsatzes in einen a.c.i., n.c.i. oder Nebensatz; das Relativpronomen tritt dabei in den Kasus, den es bei relativer Anknüpfung eines neuen Satzes haben würde: § 119

patria, quam omnibus carissimam esse constat, in periculo est	das Vaterland ist in Gefahr, von dem bekannt ist, daß ... *oder* das, wie bekannt, ... *oder* das bekanntlich allen das Liebste ist
ea bona expetenda sunt, quae habentes (quae si habemus) beati sumus	man muß nach den Gütern streben, in deren Besitz wir glücklich sind
id solum bonum est, quo qui potitur beatus est	das allein ist ein wahres Gut, dessen Erwerber glücklich ist
errare malo cum Platone, quem tu quanti facias scio	ich will lieber mit Platon irren, den du, wie ich weiß, sehr achtest

3. Konjunktionalsätze

a) Abhängige Aussagesätze[1]) § 120

Das faktische **quod**[2]) beim Ind. zeigt eine Tatsache an, über die im Hauptsatz ein *subjektives* Urteil ausgesprochen wird. (Deutsch: daß; der Umstand [die Tatsache], daß.)

Haeduos adiuvabat, quod Liger creverat	den Haeduern half es, daß die Loire gestiegen war

Ebenso steht quod b. Ind. *nach wertenden*[3]) *Ausdrücken des Geschehens* wie bene (male) accidit (fit, evenit) = es trifft sich gut (schlecht), daß *und Verben des Affekts* (gaudere, dolere) (vgl. §§ 128 u. 94).

---

[1]) Die lateinische Form abhängiger Aussagesätze ist im allgemeinen der a.c.i. und n.c.i., die aber nicht als Nebensatz, sondern als Satzteil (Objekt oder Subjekt) gelten.

[2]) quod ist urspr. das Neutrum des Relativpronomens zu einem zu ergänzenden id.

[3]) Ohne „Wertung" steht ein Konsekutivsatz, vgl. § 124.

Zusätze

1. Nach non est (habeo), quod „es liegt kein Grund vor, ich habe keinen Grund zu etwas" steht der Konj. wie bei kons. Relativsätzen (vgl. § 117):
   non est, quod senectus accusetur — es gibt keinen Grund, das Alter anzuklagen
2. Das bezugnehmende quod b. Ind. (deutsch: was das anbetrifft, daß; wenn) führt eine Tatsache ein, der im Hauptsatz widersprochen wird:
   quod me mentitum esse putas, erras — wenn du glaubst, ich habe gelogen, so irrst du

§ 121 **b) Abhängige Begehrssätze**

Begehrsätze sind innerlich abhängige[1]) Objekt- (im Passiv Subjekt-) Sätze und werden eingeleitet durch **ut** b. Konj. (deutsch: *daß* oder Infinitiv oder verkappter Nebensatz, fortgesetzt bei verneintem Begehren durch **neque** oder **neve**) und **ne** b. Konj. (*daß nicht,* fortgesetzt durch **neve**). Ein Reflexivpronomen bezieht sich in ihnen nicht nur auf das Subjekt desselben sondern auch auf das des übergeordneten Satzes.

Insbesondere stehen Begehrssätze nach Verben des *Aufforderns, Wünschens, Erlaubens und Bewirkens* wie imperare befehlen, optare wünschen, permittere, concedere erlauben, adducere veranlassen, efficere bewirken u. a.

Orgetorix Helvetiis persuasit (Helvetios admonuit), ut secum emigrarent	Orgetorix überredete (ermahnte) die Helvetier, mit ihm auszuwandern

Jedoch steht:	bei velle, nolle, malle, cupere	der Inf. bzw. a.c.i. (vgl. §§ 92, 94).
	bei cogere und prohibere	der Inf. bzw. a.c.i.
	bei iubere, vetare, sinere, pati	der a.c.i. (vgl. § 94).

Sonst aber unterscheidet der Lateiner genau, ob eine Aussage oder ein Begehren vorliegt.

Cato censebat Carthaginem periculosam esse	Kato vertrat die Ansicht, Karthago sei gefährlich
Cato censebat, ut Carthago deleretur	Kato stimmte dafür, Karthago zu zerstören

Ebenso:	persuadere	mit a.c.i. überzeugen,	mit ut	überreden
	admonere	„ „ erinnern,	„ „	ermahnen
	videre	„ „ sehen,	„ „	dafür sorgen
	concedere	„ „ einräumen,	„ „	erlauben
	decernere	„ „ entscheiden,	„ „	beschließen
	contendere	„ „ behaupten,	„ „	sich anstrengen.

---

[1]) Die abhängigen Begehrssätze gingen aus den unabhängigen hervor. Aus ut venias! oro wurde oro, ut venias; aus ne eamus! optamus wurde optamus, ne eamus. Das Adverb nē „nicht" wurde zur Konjunktion „daß (damit) nicht".
ut (älter utī) entstand aus einem urspr. relativen Adverb „wie", das dann sowohl indefinite („irgendwie") als auch interrogative („wie?") Bedeutung annahm. Aus dem Frageadverb „wie?" entstand später die Konjunktion „daß" in Begehrssätzen, „damit" in Finalsätzen, „sodaß" in Konsekutivsätzen, weiterhin „wie" in Komparativsätzen, „da ja" in Kausalsätzen, „sobald, seitdem" in Temporalsätzen und „wenn auch" in Konzessivsätzen. ut leitet aber auch wie utinam einen unabhängigen Wunsch ein, z. B. ut illum di perdant! möchten doch die Götter ihn verderben!, in positiven Begehrssätzen kann es aber auch fehlen, z. B. velim venias ich wünschte, du kämest (vgl. § 109 Anm. 1).

Nach den Ausdrücken des *Fürchtens*[1]) steht ein mit **ne** verneinter Begehrssatz. Hier heißt ne *daß,* ne non (oder ut) *daß nicht* (vgl. § 121, Anm.[1]) § 122

timeo (metuo, vereor), ne sero veniam	ich fürchte, daß ich zu spät komme (zu spät zu kommen)
cavebo, ne venias	ich werde es verhüten, daß du kommst

Nach den Verben des *Hinderns* und *Widerstrebens* steht ne oder **quominus** (= ut eo minus), nach verneintem Hauptsatz auch **quin** bei Konj. (aus qui-ne = wie nicht?) „daß" oder Inf. mit „zu".

impedio (resisto), ne (quominus) hoc fiat	ich verhindere (widersetze mich), daß dies geschieht
non recuso, quin veniam	ich weigere mich nicht zu kommen

Über dum zur Einleitung bedingter Begehrssätze vgl. § 132!

c) Adverbialsätze

Finalsätze[2]) (Absichtssätze) § 123

Sie drücken eine **Absicht des Subjekts oder einen Zweck** aus – daher innerlich abhängig – und werden eingeleitet durch **ut** b. Konj. *„damit, um – zu"* (negativ fortgesetzt durch neque oder neve), **ne** b. Konj. *„damit nicht"* (fortgesetzt durch **neve**) oder **quo** (= ut eo) b. Konj. *„damit desto"*. Das Reflexivpronomen bezieht sich in ihnen nicht nur auf das Subjekt desselben, sondern auch des übergeordneten Satzes. Häufig sind einleitende Hinweise, wie ea condicione unter der Bedingung, u. a.

do, ut des	ich gebe, damit du gibst
Hannibal clam navem conscendit, ne Romani **se** comprehenderent	Hannibal bestieg heimlich ein Schiff, damit die Römer **ihn** nicht gefangennähmen
legem brevem esse oportet, quo facilius teneatur	ein Gesetz muß kurz sein, damit es um so leichter behalten (*oder auch* gehalten) wird

Merke: ne quis damit niemand; ne unquam damit niemals.

Konsekutivsätze (Folgesätze)[3]) § 124

Sie geben eine Tatsache wieder, die sich aus dem übergeordneten Satz als **Folge** ergibt. Sie beginnen mit **ut** b. Konj. *„daß"* (verneint: **ut non** *daß nicht, ohne zu* (fortgesetzt durch neque); ut nemo *„daß niemand"*; ut nunquam *„daß niemals"*). Oft steht im Hauptsatz ein hinweisendes „so" tam, ita, sic, adeo oder ein Demonstrativpronomen. Wenn die Folge sich bis in die Gegenwart erstreckt, so steht dasselbe Tempus wie im Deutschen (vgl. § 113,3).

---

[1]) timere (vereri) mit Inf. heißt „sich scheuen".

[2]) Sie sind Begehrssätzen verwandt, sind aber keine Subjekt- oder Objekt-, sondern Adverbialsätze.

[3]) Sie sind den Komparativsätzen (tam [ita] – ut so – wie) und den dubitativen Fragesätzen (quin) verwandt (vgl. § 115, 2).

Aristides tam iustus erat, ut iure laudaretur bzw. laudetur	Aristides war so gerecht, daß er mit Recht gelobt wurde *bzw.* wird

Statt tam (ita), ut steht bisweilen ein Komparativ mit quam ut:

Aristides iustior erat, quam ut invidiam vulgi effugere posset	Aristides war zu gerecht, als daß er der Mißgunst des Volkes hätte entgehen können (deutsch Plusquamperf.!)

Nach *verneintem* Hauptsatz steht **quin** „daß nicht" (oft auch durch „ohne daß, ohne zu" wiederzugeben) (nach doppelter Verneinung: daß) mit modalem Nebensinn.

nihil est tam difficile, quin perficere possim	nichts ist so schwierig, daß ich es nicht erreichen könnte (vgl. § 117 Anm.)
hoc numquam audivit, quin fleret	das hörte er nie, ohne zu weinen
non multum àfuit, quin caderem	es hätte nicht viel gefehlt, daß ich gefallen wäre

Auch von *unpersönlichen Verben des Geschehens* abhängige Sätze gelten im Lateinischen als Konsekutivsätze. Im Deutschen sind sie durch einen abhängigen Subjektsatz mit *„daß"* wiederzugeben: est es ist der Fall; fieri potest es ist möglich; restat es bleibt noch übrig; fit (accidit, evenit) es kommt vor; sequitur es folgt.

forte accidit, ut tempestas oreretur	es traf sich gerade, daß ein Sturm losbrach
fieri non potest, quin erres	(es ist unmöglich, daß du dich nicht irrst) du irrst dich sicher

Vgl. aber quod nach wertenden Ausdrücken des Geschehens § 120.

§ 125 Temporalsätze (Zeitsätze)[1])

Auf antequam und priusquam (auch getrennt: ante [prius] – quam) *„bevor, ehe"* folgt bei rein zeitlicher Bestimmung der Ind. Pr., Pf., Fut. II; wird gleichzeitig eine Absicht ausgedrückt („damit nicht erst; bevor"), der Konj. Pr., Impf., Plqpf.

ne dixeris, priusquam interrogatus eris!	sprich nicht, bevor du gefragt bist!
abiimus, priusquam retineremur	wir gingen weg, bevor man uns zurückhielt

Auf **postquam** (posteaquam, auch getrennt post(ea)-quam) in der Bedeutung *„nachdem"* folgt der Ind. Perf. – Nach einem vorhergehenden ablativus mensurae folgt der Ind. Plusquamperf., bei der Bedeutung *„seitdem"* der Ind. Präs., Impf., Plusquamperf.

amicus, postquam profectus **est** (aber paulo postquam profectus **erat**), litteras misit	der Freund schickte (gleich) nach seiner Abreise einen Brief
amicus, postquam profectus erat, tacebat	der Freund schwieg seit seiner Abreise

[1]) Die Temporalsätze mit antequam, priusquam, postquam, ut entstanden aus Komparativsätzen. ubi wurde, wie der Lokativ, sowohl lokal als auch temporal gebraucht, vgl. das deutsche „da"! cum geht auf das altlat. Relativadverb quom zurück, das temporal, instrumental, modal und kausal gebraucht wurde, und hatte urspr. immer den Ind. nach sich. simulac, -atque heißt urspr. zugleich – und; dum (vom Stamm *do- „jetzt, eben") ist ein Akk. der Zeit (= eine Weile, vgl. interdum mittlerweile); quoad eigentlich „bis wohin", quamdiu „wie lange"; donec (urspr. dōnicum aus *dō-ne-quom „bis zu dem Zeitpunkt, wann").

Auf **ubi** (primum), **ut** (primum), **cum** primum, **simul, simulac, simulatque** *„sobald (als)“* folgt der Ind. Perf. zur Bezeichnung einmaliger Vorgänge der Vergangenheit, bei zukünftiger Handlung aber das Fut. II.

amicus, ubi advenit, me adiit	sobald mein Freund ankam, besuchte er mich
amicus, ubi advenerit, me adibit	sobald mein Freund ankommt, wird er mich besuchen

Auf **ut** *„seitdem“* folgt der Ind.:

ut profectus es, nullas litteras a te accepi	seit deiner Abreise erhielt ich von dir keinen Brief mehr

Auf **dum** *„während“* folgt der Ind. Präs.: dum haec geruntur während dies geschah.

Auf **dum, donec, quoad, quamdiu** *„solange als“* und **dum, donec, quoad** *„solange bis“* folgt der Ind. bei rein zeitlicher Bestimmung. Wenn aber gleichzeitig eine Absicht ausgedrückt wird (= damit inzwischen, solange bis, bis), steht nach dum, donec, quoad der Konj.

dum spiro, spero	solange ich atme, hoffe ich
non desinam, dum opus perfecero	ich werde nicht aufhören, bis ich die Arbeit vollendet habe
exspectabam, dum omnes convenirent	ich wartete, bis alle zusammenkamen

Auf **cum** folgt in den nachstehenden Temporalsätzen der Indikativ:

1. zur Bezeichnung *des genauen Zeitpunktes der Handlung* des Hauptsatzes (= *„damals als; wenn“*), oft nach vorhergehendem tum (sog. cum temporale): § 126

cum Augustus imperio Romano praefuit, Christus natus est	als Augustus das Römische Reich regierte, wurde Christus geboren
veniam, cum potero	wenn ich kann, werde ich kommen

2. zur Bezeichnung *eines wiederholten Vorganges* (= *„sooft, als; jedesmal, wenn“*; auch quotiens *„sooft“*) (sog. cum iterativum):

defendam iniuriam, cum potero	ich werde das Unrecht bekämpfen, sooft ich kann

3. zur Bezeichnung *eines neuen, oft unerwarteten Ereignisses,* das als eigentliche Haupthandlung an einen im vorhergehenden Hauptsatze geschilderten Zustand anknüpft. Deutsch *„als plötzlich“* oder neuer Hauptsatz mit *„da“*. Im übergeordneten Satz oft durch nondum, vix, aegre vorbereitet (sog. cum inversivum, „umkehrendes“ cum, da es das Verhältnis von Haupt- und Nebenhandlung umkehrt):

nondum epistulam tuam legeram, cum subito ipse intravisti	ich hatte deinen Brief noch nicht gelesen, als du plötzlich selbst eintratest

4. zur Bezeichnung *des zeitlichen und inhaltlichen Zusammenfallens* der Handlungen des Haupt- und Nebensatzes, wobei letzterer eine instrumentale und modale Bedeutung hat. Deutsch *„indem; dadurch, daß; wenn“* (sog. cum coincidentiae oder explicativum):

cum tacent, confitentur	indem (wenn) sie schweigen, gestehen sie

5. cum primum sobald als vgl. § 125.

§ 127 Auf **cum** folgt jedoch in Temporalsätzen der Konjunktiv:

1. zur *zeitlichen Vorbereitung* (*und zugleich oft Begründung*) eines Fortschritts in der Erzählung. Deutsch *„als"* (sog. cum historicum oder narrativum):

cum litteras tuas accepissem, gavisus sum	als ich deinen Brief empfing, freute ich mich

2. in den denTemporalsätzen verwandten *Modalsätzen* zum Ausdruck der Art und Weise als eines begleitenden Umstandes.

abiit, cum diceret	er ging weg, indem er dabei sagte ...

§ 128 Kausalsätze (Begründungssätze)

cum b. Konj. (oft mit praesertim „zumal") und **quod**[1]), **quia** b. Ind. *„da, weil"* sowie **quoniam, quandoquidem** b. Ind. *„da ja"* geben einen *tatsächlichen Grund* an. Oft wird durch propterea, idcirco, eo auf den Kausalsatz hingewiesen; quod und quia beim Konj. geben einen *subjektiven Grund* an[2]):

quae cum ita sint, manebo	da es sich so verhält, (unter diesen Umständen) werde ich bleiben
aegrotus medico gratias egit, quod eum iuverat *bzw.* quod se iuvisset	der Kranke dankte dem Arzt, da er ihm geholfen hatte *bzw.* habe

Nach den *Verben des Affektes* steht außer quod bei Ind. *„daß, weil"* auch der a.c.i. (vgl. § 94). Hier zeigt sich der Übergang vom faktischen (§ 120) zum kausalen quod.

non quo (quod) b. Konj. *„nicht als ob"* und **non quin** b. Konj. *„nicht als ob nicht"* leiten einen nur als möglich hingestellten Grund ein:

te non iuvabo, non quo non (non quin) possim, sed quod nolo	ich werde dir nicht helfen, nicht als ob ich nicht könnte, sondern weil ich nicht will

§ 129 Konditionalsätze (Bedingungssätze)

Nach **si**[3]) *„wenn"* und **nisi** *„wenn nicht"* steht wie im Deutschen der Indikativ, wenn der Sprecher es unentschieden läßt, ob die Bedingung zur Tatsache wird (*sog. realer Fall*):

si hoc dicis (dices oder dixeris, dixisti), erras (errabis, erravisti)	wenn du dies sagst, irrst du (wirst du irren, hast du geirrt)

Dagegen steht der Konjunktiv zum Ausdruck einer Möglichkeit (*potentialer Fall*: lat.: Konj. Präs. oder Perf., deutsch: „etwa, wohl, sollte, möchte, könnte") oder Nichtwirklichkeit (*irrealer Fall*: lat.: Konj. Impf. oder Plusquamperf., deutsch: „würde, hätte").

---

[1]) quod ist urspr. das Neutr. des Relativpron., quia ein Neutr. Plur. von qui. Aus „das" entstand die Konjunktion „daß" und, da eine Tatsache als Grund angegeben wird, die Bedeutung „da, weil". cum causale b. Konj. entstand aus dem cum historicum, ebenso quoniam (aus *quom iam). Der Ind. bei letzterem zeigt, daß es schon in älterer Zeit daraus hervorging, als quom (cum) noch allgemein b. Ind. stand.

[2]) Vgl. auch ut b. Ind. § 135 Zusatz 2.

[3]) si ist urspr. das einen Hauptsatz einleitende demonstr. Adverb „so" (vgl. si-c). Vgl. das deutsche: „so du das tust, wirst du leben" = „Handele so, und du wirst leben".

Potentialis:

si hoc dicas (dixeris), erres (erraveris)	wenn du dies etwa sagst, irrst du sicherlich

Irrealis:

si hoc diceres (dixisses), errares (erravisses)	wenn du dies sagtest (gesagt hättest), würdest du irren (hättest du geirrt)

Zusätze § 130

1. Beim irrealen Fall stehen die *Ausdrücke des Könnens und Müssens* nach § 107 im Indikativ.

2. Tritt der irreale Fall in den a.c.i., so bleibt der si-Satz unverändert, im Hauptsatze aber steht der Inf. auf -urum fuisse bzw. beim Passiv und Verben ohne Supinum Umschreibung mit futurum fuisse, ut mit Konj. Impf.:

apparet te erraturum fuisse (bzw. futurum fuisse, ut te paeniteret), si hoc diceres (dixisses)	offenbar würdest du irren (hättest du geirrt), (bzw. würdest du es bereuen [bereut haben]), wenn du das sagtest (gesagt hättest)

Im konjunktivischen Nebensatz steht statt des Konj. Plqpf. Umschreibung mit -urus fuerim:

non dubito, quin, si potuisses, id facturus fueris.	zweifellos hättest du das getan, wenn du gekonnt hättest.

3. **si** b. Konj. nach den Verben exspectare „warten" und temptare, conari, experiri „versuchen" wird im Deutschen durch einen indir. Fragesatz mit „*ob*" wiedergegeben: § 131

exspecto, si venias	ich warte, ob du kommst

4. **nisi** verneint die ganze Bedingung, **si non** nur ein einzelnes Wort:

si non omnia accepero, contentus non ero	wenn ich nicht alles bekomme, werde ich nicht zufrieden sein

sin, sin autem „*wenn aber*" stellt eine zweite Bedingung einer vorausgehenden gegenüber;

si minus „*wenn nicht, sonst*" leitet auch eine zweite Bedingung ein, deren Verb zu ergänzen ist.

sive – sive (seu – seu) bei Ind. „*sei es daß – oder daß*" leitet disjunktive Bedingungssätze ein (vgl. § 110).

quodsi „*wenn aber, wenn also*".

nisi forte, nisi vero b. Ind. „*wenn nicht etwa*".

non (nemo, nihil) nisi „*nur*".

Sätze, die *zugleich eine eingeschränkte Bedingung und ein Begehren* enthalten, werden durch **dum, modo, dummodo** b. Konj. „*wenn nur*" (verneint mit ne) eingeleitet: § 132

oderint, dum metuant!	sie mögen (mich) vielleicht hassen, wenn sie mich nur fürchten! (vgl. § 109).

Merke: Der Deutsche leitet mit „wenn" sowohl eine Bedingung (lat. si) als auch eine Zeitbestimmung (lat. cum) und eine Tatsache (lat. quod) ein (vgl. § 120; 125–127; 129).

§ 133 Konzessivsätze (Einräumungssätze)[1])

Sie werden eingeleitet

1. durch **quamquam** b. Ind. *„obwohl, obgleich"*, **etiamsi, etsi, tametsi** b. Ind. *„auch wenn, wenn auch"* (doch steht bei potentialem und irrealem Inhalt der Konj.);
2. durch **cum** b. Konj. *„obgleich"* (sog. cum concessivum), **quamvis** b. Konj. *„wenn auch noch so sehr"*;
3. **licet** oder **ut** (verneint ut non oder ne) b. Konj. *„wenn auch"*, *„gesetzt, daß"*:

etsi volet, nemo mortem effugiet	niemand wird dem Tode entgehen, auch wenn er es will
etsi velit (vellet), nemo mortem effugiat (effugeret)	niemand würde dem Tode entgehen, auch wenn er es wünschen sollte
Aristides, quamquam pauper erat (oder quamvis pauper esset), summa fuit auctoritate	Aristides besaß höchstes Ansehen, obwohl er arm war (wenn er auch noch so arm war)
cum possideant plurima, plura petunt	obgleich sie sehr viel besitzen, begehren sie noch mehr
út desínt virés, tamen ést laudánda volúntas	wenn auch die Kräfte fehlen, so muß man doch den guten Willen loben

Zusätze

1. **quamquam** zu Beginn eines Hauptsatzes heißt *„indessen, doch, gleichwohl freilich"*:

quamquam quid loquor?	doch warum rede ich noch?

2. **quamquam** vor einem Superlativ und **quamvis** vor einem Adjektiv und Adverb heißt *„wenn auch noch so"*

§ 134 Adversativsätze (Sätze des Gegensatzes)[2])

Sie vergleichen einen Vorgang mit einem entgegengesetzten und beginnen mit **cum** b. Konj. *„während hingegen"*, *„zwar – aber"* (sog. cum adversativum).

cum scribere debeas, ludis	während du doch schreiben solltest, spielst du

§ 135 Komparativsätze (Vergleichssätze)

Sie stehen im Indikativ beim *Vergleich von Tatsachen*:

1. nach Korrelativpronomina und -adverbia wie talis – qualis so beschaffen – wie; tot – quot so viele – wie; ita (sic) – ut (vor Verben), tam – quam (vor Adj. u. Adv.) so – wie; quō – eō je – desto.

   ebenso: idem – qui derselbe – wie.

---

[1]) quamquam ist eigentlich ein verallgemeinerndes Relativum „wie auch immer". Konzessivsätze mit etiamsi, etsi, tametsi sind offensichtlich aus Konditionalsätzen entstanden und zeigen deren Modi. quamvis heißt eigentlich „wie sehr du willst", licet „es mag sein".

[2]) Sie sind den Konzessivsätzen verwandt.

2. bei quam *„als"* nach einem Komparativ.

3. bei **ac** und **atque** = *„wie"* nach Ausdrücken der *Ähnlichkeit und Gleichheit* oder = *„als"* nach Ausdrücken des *Andersseins*:

ut sementem feceris, ita metes	wie du säst, so wirst du ernten
quo quis doctior est, eo modestior solet esse	je gebildeter jemand ist, desto bescheidener pflegt er zu sein
sentio aliter (secus) atque plurimi	ich denke anders als die meisten

Zusätze

1. ut – ita ist auch konzessiv mit „zwar – aber" zu übersetzen, nemo alius nisi mit „kein anderer als".

2. Lateinische Komparativsätze mit ut haben manchmal kausalen Sinn:

victor, ut erat clemens, victis pepercit	der Sieger schonte, milde wie er war (da er milde war), die Besiegten

3. Komparativsätze stehen im Konjunktiv bei einem bedingten, nur gedachten Vergleich nach quasi[1]), tamquam (si), velut (si), ut si, ac si (seltener proinde, perinde ac si) *„wie wenn, gleich als ob"*:

abiit, velutsi quid timeret	er ging weg, als ob er etwas befürchtete

4. ut und velut heißen auch „wie zum Beispiel", quasi „gewissermaßen".

IV. Oratio obliqua[2]) (abhängige oder indirekte Rede) § 136

Die wörtliche Wiedergabe einer Rede heißt oratio recta (direkte Rede). Wird eine Rede von einem Verbum des Sagens abhängig gemacht, so nennt man diese Wiedergabe oratio obliqua (indirekte Rede). Während im Deutschen dann alle Sätze in den Konjunktiv treten, stehen im Lateinischen

die *Aussagesätze* und die sog. rhetorischen[3]) Fragen im a.c.i.,

die *Begehrs- und echten Fragesätze* (der 2. Pers.) und alle *Nebensätze* im Konjunktiv[4]).

Für die *Tempora* gelten im allgemeinen die Regeln der consecutio temporum (§ 112, 113); maßgebend ist das Tempus des einleitenden Verbums des Sagens.

Pronomina: die redende (1.) Person wird zur 3. Person; alle pron. personal. u. poss., die sich auf die redende Person, d. h. das Subjekt des einleitenden Satzes, beziehen, erscheinen in reflexiver Form (der Nom. wird durch ipse ersetzt). Auch die angeredete (2.) Person wird zur 3. Person, sie wird durch ille oder is wiedergegeben.

---

[1]) Aus *quam si „wie wenn". Der Konj. erklärt sich aus der irreal gesetzten Bedingung.

[2]) obliquus eigtl. schräg, von etwas abhängend.

[3]) Rhetorische Fragen (nur in 1. u. 3. Pers.) stellen nur eine besondere Form der Aussage dar, die in abh. Form im a.c.i. erscheint (vgl. § 108).

[4]) Sie sind innerlich abhängig, da sie die Meinung eines anderen wiedergeben.

direkt	indirekt	
„Rus“, inquit, „ad me[6] veni![3] Cur cunctaris?[4] Quid est pulchrius quam vita rustica![2] Tibi[7] amicisque tuis[7] omnia parabo[1], quibus delectabimini.“[5]	Dixit: Rus ad se[6] veniret![3] Cur cunctaretur?[4] Quid esse pulchrius quam vitam rusticam![2] Se[6] illi[7] amicisque eius[7] omnia paraturum esse,[1] quibus delectarentur.[5]	1. Aussagesatz 2. rhetor. Frage 3. Begehrssatz 4. Fragesatz 5. Nebensatz 6. Pron. d. 1. Ps. wird refl. 7. Pron. d. 2. Ps. wird ille oder is

Er sagte:
„Komme zu mir aufs Land!
Warum zögerst du?
Was gibt es Schöneres als das Landleben!
Ich werde für dich und deine Freunde alles vorbereiten,
was Euch Freude machen wird.“

Er sagte:
Er solle zu ihm aufs Land kommen.
Warum er zögere.
Was gäbe es Schöneres als das Landleben.
Er werde für ihn und seine Freunde alles vorbereiten,
was ihnen Freude machen würde.

§ 137 D. Zusammenstellung der unterordnenden Konjunktionen und einiger mehrdeutiger Pronominalformen

cum b. Ind.			
1. temporale I	damals als; wenn	bei genauer Zeitangabe	cum Augustus imperio Romano praefuit, Christus natus est veniam, cum potero
2. temporale II	sobald (als)	meist Ind. Pf.	amicus, cum primum advenit, me adiit
3. iterativum	sooft (als); jedesmal, wenn	b. Wiederholung (auch quotiens)	defendam iniuriam, cum potero
4. inversivum	als plötzlich; Hauptsatz mit „da“	Umkehrung: Nebensatz bringt Haupthandlg.	nondum epistulam tuam legeram, cum ipse intravisti
5. coincidentiae	indem; dadurch, daß; wenn	zeitl. u. sachl. Zusammenfall	cum tacent, confitentur
cum b. Konj.			
1. historicum	als	zeitl. Vorbereitg. e. Fortschritts i. d. Erzählung	cum litteras tuas accepissem, gavisus sum
2. causale	da, weil	Grund	quae cum ita sint, manebo
3. concessivum	obgleich, obwohl	Einräumung	cum possideant plurima, plura petunt
4. adversativum	während hingegen	Gegensatz	cum scribere debeas, ludis
5. modale	indem, wobei	Art u. Weise	abiit, cum diceret

Außerdem: cum – tum sowohl – als auch ganz besonders. – cum Präpos. b. Abl. mit (§ 88).

dum b. Ind. 1. temporal 2. temporal	 während solange als (bis)	 nur Ind. Präs. auch donec, quoad, (quamdiu)	 dum haec geruntur, nuntius allatus est dum spiro, spero non desinam, dum opus perfecero
dum b. Konj. 1. temporal-final 2. konditional-begehrend	 solange bis, bis wenn nur, wofern nur	 auch donec, quoad auch modo, dummodo	 exspectabam, dum omnes convenirent oderint, dum metuant!

ne b. Konj. 1. begehrend 2. begehrend 3. final	 daß nicht, Inf. daß, Inf. damit nicht, um nicht zu	 bei Begehr nach fürchten u. hindern Zweck od. Absicht	 cura, ne cadas! timeo, ne sero veniam impedio, ne hoc fiat Hannibal clam navem conscendit, ne Romani se comprehenderent

Außerdem: ne „gesetzt, daß nicht; wenn auch nicht" als Einleitung eines verneinten konzessiven unabhängigen Begehrssatzes: ne sit summum malum dolor, ...
ne „nicht" im unabh. Begehrssatz: ne abieritis!
ne – quidem nicht einmal; -nĕ Fragewort.

quam **quamquam** b. Ind. konzessiv	 obgleich, obwohl	 auch etiamsi, etsi, tametsi b. Ind. u. Konj.	 quamquam (etsi) volet, nemo mortem effugiet etsi velit, nemo mortem effugiat
quamvis b. Konj. konzessiv	 wie sehr auch, wenn auch noch so sehr		 Aristides, quamvis pauper esset, summa fuit auctoritate
postquam b. Ind. temporal	 nachdem seitdem	 Ind. Pf. (nach abl. mens. Plusqpf.) Ind. Pr., Impf., Plqpf.	 amicus, postquam profectus est, litteras misit amicus, postquam profectus erat, tacebat
priusquam b. Ind. temporal	 bevor, ehe	 auch antequam Ind. Pr., Pf., Fut. II	 ne dixeris, priusquam interrogatus eris
priusquam b. Konj. temporal – final	 bevor, damit nicht erst	 Konj., Pr., Impf., Plqpf.	 abiimus, priusquam retineremur
quasi b. Konj. komparativ – konditional	 wie wenn, als ob	 auch tamquam (si) velut(si), utsi, ac si	 abiit, quasi (velutsi) quid timeret

Außerdem: quam = Akk. Fem. d. pron. relat. („die"), interrog. („welche?"), indef. („irgendeine")
= eam („diese") bei relat. Anknüpfung
= „als" nach einem Komparativ
= „möglichst" vor einem Superlativ
= „wie" bei einem Vergleich, einem Ausruf oder einer Frage
quamquam zu Beginn eines Hauptsatzes „indessen, doch, gleichwohl, freilich"
quamquam vor Superlativ und quamvis vor Adjektiv u. Adverb „wenn auch noch so"
quasi vor einem Nomen „gewissermaßen"

quin b. Konj.			
1. (im Lat. fragend)	daß	nach verneintem Zweifeln	non est dubium, quin hoc verum sit
2. begehrend	daß, Inf.	nach verneintem Hindern	non recuso, quin veniam
3. konsekutiv	daß nicht, ohne zu	nach verneintem Hauptsatz	nihil est tam difficile, quin perficere possim
	daß	nach doppelter Verneinung	non multum afuit, quin caderem

Außerdem: quin = qui (quae, quod) non „der (die, das) nicht" in konsek. Relativsätzen
quin etiam ja sogar
non quin b. Konj. „nicht als ob nicht" in Kausalsätzen bei bloßer Annahme

quo b. Konj.			
1. final	damit desto	quo = ut eo	legem brevem esse oportet, quo facilius teneatur
2. kausal	nicht als ob	nur verneint, b. bloßer Annahme	te non iuvabo, non quo non possim, sed quod nolo
quominus b. Konj.			
begehrend	daß, Inf.	nach hindern	impedio, quominus hoc fiat

Außerdem: quo = Abl. Sing. Mask. oder Neutr. d. pron. relat. („durch den"), interrog. („durch welchen?"), indef. („durch irgendeinen")
= eo („dadurch") bei relat. Anknüpfung
= relat. u. interrog. („wohin") und indef. („irgendwohin") Pronominaladverb;
= dahin bei relat. Anknüpfung
quo – eo je – desto

quod b. Ind.			
1. faktisch	die Tatsache, daß; daß	bei Tatsachen	quod victor victis pepercit, laudandum est
2. faktisch	daß	nach Verben d. Affekts u. wertenden Ausdr. d. Geschehens	bene accidit (gaudeo), quod venisti
3. faktisch	was das anbetrifft, daß; wenn	bezugnehmend	quod me mentitum esse putas, erras
4. kausal	da, weil; daß	auch quia, quoniam, quandoquidem	aegrotus medico gratias egit, quod eum iuverat (bei inn. Abh. se iuvisset)
quod b. Konj.			
1. faktisch	daß, Inf.	nach non est (habeo)	non est, quod querar
2. kausal	nicht als ob	nur verneint, bei bloßer Annahme	te non iuvabo, non quod non possim, sed quod nolo

Außerdem: quod = Neutr. d. pron. relat. („das"), interrog. („welches?"), indef. („irgendein")
= id „das" bei relat. Anknüpfung

si b. Ind. u. Konj.			
1. konditional	wenn, falls	real potential irreal	si hoc dicis, erras si hoc dicas, erres si hoc diceres, errares
2. fragend	ob	nach Warten u. Versuchen	exspectabam, si venires

Außerdem: nisi „wenn nicht“ verneint den ganzen Satz, si non ein einzelnes Wort
nemo (nihil) nisi niemand (nichts) als, nur
sive – sive sei es daß – oder daß
quodsi wenn aber
quasi, tamquam(si), velut(si), utsi, acsi vgl. quam

ubi b. Ind.			
temporal	sobald als	meist Ind. Perf., auch cum primum, ut (primum), simul. simulac, simulatque	amicus, ubi (primum) advenit, me adiit

Außerdem: ubi = relat. u. interrog. Pronominaladverb („wo“); „dort“ bei relat. Anknüpfung
simul „zugleich“

ut b. Ind.			
1. komparativ	wie	oft mit ita, sic	ut sementem feceris, ita metes
2. komparativ	wie, da ja	kausaler Sinn	victor, ut erat clemens, victis pepercit
3. temporal	sobald (als)	meist Ind. Perf.	amicus, ut (primum) advenit, me adiit
4. temporal	seitdem		ut profectus es, multas litteras a te accepi
ut b. Konj.			
1. begehrend	daß, Inf.	verneint ne	cura, ut valeas!
2. begehrend	daß nicht, Inf.	nach fürchten	timeo, ut venias
3. final	damit, um zu	verneint ne	do, ut des
4. konsekutiv	so daß	verneint ut non (Tempus wie im Deutschen)	Aristides tam iustus erat, ut iure laudaretur bzw. laudetur
5. konzessiv	gesetzt, daß; wenn auch	verneint ne	ut desint vires, tamen est laudanda voluntas

Außerdem: ut = utinam b. Konj. („o daß doch“) leitet einen unabh. Wunschsatz ein:
ut (utinam) di illum perdant!
ita – ut so – wie, ut – ita zwar – aber
ut = „wie“ leitet einen Fragesatz oder Ausruf ein: ut vales? dic, ut valeas! – ut melius, quidquid erit, pati!
ut = zum Beispiel

Wort- und Sachverzeichnis

(Die Zahlen bezeichnen die Paragraphen)

Übersicht

über die Grammatik-Paragraphen zu den einzelnen Stücken des Lateinischen Unterrichtswerkes

Ausgabe A, von Max Krüger (Diesterweg 6827/6828)

Neubearbeitet von Heribert Meurer und Hans-Jürgen Hillen

Troll = Lateinische Sprachlehre von Paul Troll (Diesterweg 6814)

Haussig = Lateinische Kurzgrammatik von Curt Haussig, Paul Troll und Wilfried Stosch (Diesterweg 6835)

Stck.	Formenlehre		Satzlehre	
	Troll	Haussig	Troll	Haussig
1	23.24.2.4.5.3.19	10.1.2.3.14	—	—
2	23.24.29.91	10.11.35	97.99.100.101	47.48.50
3	69.70.91	32.35	99.100.157.158.263	47.48.92
4	23.24	10.11	97.159.201.155	49.93.108.87
5	19.26	14.15	102.155	50.87
6	91.69.23.24.20.44	35.32.10.11.17	139.155	78.88
7	—	—	155	89
8	91.69.23.24	35.32.10.11	102.127	50.60
9	91.69 23.24.28	35.32 10.11.17	97.52.155	49.23.87
10	25.52	12.23	155.102.111	87.88.72
11	91.69	35.32	—	—
12	—	—	163.59.114	94.70
13	91.69.70	35.32	188.162	105.94
14	51.63	22.29	155.150	88.77
15	69.70	32	140.168.155	78.98.87
16	69.70	32	155.137	88.73
17	91.69.44.28	35.32.17	198.197.228.229.219. 216.230.231	109.121.112.123
18	91.69	35.32	198.237.238.219.234. 235.120.143	109.128.112.127.67. 82
19	91.69	35.32	240.218.243.244.110. 111	129.105.112.133.72
20	34–36.91	10.14.15	124.151.146.155	53.54.76.84.87.88
21	58.91	25.35	253	116
22	30–33	10.14.15.17	236.155	125.87
23	38.39	10.14–16	233	124
24	38.39.71.72	10.14–16.32	—	—
25	71	32	229.231	109.123
26	51	24	52.53.155	23.24.87

Übersicht über die Grammatik-Paragraphen (Fortsetzung)

Stck.	Formenlehre		Satzlehre	
	Troll	Haussig	Troll	Haussig
27	—	—	171.172	99.101
28	56.48.49	24.20	251.56.97	135.49
29	38.39.61.44.51	10.14–16.26.22	59.127.139.140.155	135.60.22.79.89
30	66.45	30.13.11	—	—
31	47.48	19.20	47.138.110.111	19.75.72
32	61.54	28.24	103.151	50.76
33	37.40.66	10.13–16.30	149	—
34	40.41	10.13–16	—	—
35	45	11.13	—	—
36	47.48	11.19.20.13	238	128
37	71.72	32	152.122	70.69
38	70.72.45	32	166.167.172	98.100.101
39	63	29	127.155	60.88
40	I 66.70.72.28 II 66.70.72	30.32 30.32.17	I 176–178.121 II 180 III 130 b) 47.150.127	102.68 103 64 77.58
41	I 47	19	I 136 II 147 III 256.146	74 85 118
42	I 65.71–72.85	30.32.42	II 229 III 107 IV 106 V 236	121 71 70 125
43	I 95 II 95	35 35	III 232–233 IV 110–111 V 118 VI 107 VII 103	124 72 65 71 50
44	I 91	35	I–IV 173–175	99–101
45	I 66.70.72.91 II 66.70.72.91	30.32.35 30.32.35	I 167–170 II 160 III–V 159.215	98.101 95 111.121.123
46	I/II 92	35	III 235	126
47	II 47 III 47	19 19	I 220–223 III 251 IV/V 125 VI 144	112.114 135 55 80

Übersicht über die Grammatik-Paragraphen (Fortsetzung)

Stck.	Formenlehre		Satzlehre	
	Troll	Haussig	Troll	Haussig
48	I 94	35	II 112.165	33.97
	II 66.70.72	30.32–33	47.122	69.135
	III 66.70.72	30.32	b) 251	
	IV 59	26		
49	I 51	22	I 179	103
	III 28	17	II 178	102
			IV 149	76
			b) —	—
50	I 93	35	II 158.163	94
			III 197	109
			IV 112.135.149	70.73.76
			V —	—
51	I–III 77	38	II 163	94
			III 111	72
			IV 109	71
			V 113	70
			b) —	—
52	I 74–75	34.43–44	II 117	65
	87–88		III 107	71
			IV 228–229	122
53	I 74.88	34.44	II 128	56
			III 164	96
			IV 236	125
			b) 231	—
54	I 96	36	I 131	61
			II 216	121
55	I 75–90	34.46	I 139.141	78
			II 245	133
			III 246	134
			IV–VI 253.161	119
56	75.90	34.46	II 107	71
			III 131	61
			V 163	94
			VI 139	79
			VII 139	78
57	I 75.89	46	I 141.136	78.74
			II 203	108
			III–V 235	126
			b) 261.59	—
58	V 59	26	I 201.223	108.114
			II 202.223	108.114
			III 119	66
			IV 133	63
			V 59	26
59	I 59	26	I 127	60
	II 59	26	II 204	108

Übersicht über die Grammatik-Paragraphen (Fortsetzung)

Stck.	Formenlehre		Satzlehre	
	Troll	Haussig	Troll	Haussig
	III 58.254	25	IV–V 142.129	81.57
			VI 236	125
60	—	—	258.100	136
61	—	—	I–IV 255	117
			V 236	125
			VI 192.194 239.240	106–107
			VII 137	73
			b) 264.190.100	105
62	—	—	I 229	122
			II–V 204.222 224.158 229.233 255.259	115.122.137
			VI 137.141	73.78

1/9 876 543 2